瑞蘭國際

王牌律師說故事

你一定要知道的50個生活法律問題

呂錦峯 律師 著

三版序

　　朱子家訓有言:「居家戒爭訟,訟則終凶」,訴訟大多勞民傷財、曠日廢時,終而大傷感情,縱使官司打贏,在人生的大算盤上亦是赤字為多。若想要避免爭訟,方法不一而足,但最重要的是要具備法律常識,即可趨吉避凶,一方面,爭執方見無機可趁,或能趁機罷訟,另一方面,即便被迫涉訟也能立於不敗之地!本書既有再次出版的需求,反映出一般民眾對於基本法律常識的關心,也間接肯定本書的寫作風格及選材方向,本人殊感欣慰!

　　本書自107年3月再版以來,書中許多引用的法律條文,因應社會的變遷與需求已有若干修正,此外,本書中的案例事實,也牽涉相關新制定的法律。舉其犖者,為落實相同性別永久結合關係(即俗稱之同性婚姻)在婚姻及繼承方面的保障,我國訂立「司法院釋字第748號解釋施行法」、修正廢除刑法通姦罪、民法修正以滿18歲之人為成年人等,除此之外,刑法、刑事訴訟法、兒童及少年福利與權益保障法、少年事件處理法、動物保護法、國家賠償法也有修正,遂趁此三版機會併予以修訂,讓大家能夠取得最新的法律資訊。

 律師

謹序於110年11月1日海灣國際法律事務所

再版序

　　本書自103年11月出版後，即受到廣大讀者熱烈的回響，顯示本書當初內容設定及編輯方式的正確性，所以再版時仍然援用原有的架構，此外，在初版後，本書所涉及的法律，諸如家庭暴力防治法、兒童及少年福利與權益保障法、民法、民事訴訟法、刑法、刑事訴訟法、動物保護法、性別工作平等法、性騷擾防治法、勞動基準法、消費者保護法、食品安全衛生管理法、個人資料保護法等，均有實質性的修正，例如有鑑於支付命令過於嚴厲的效力，因此在104年民事訴訟法修正時予以緩和，使確定後的支付命令可以提起確認之訴而加以推翻；有關勞工職務的調動，過去法院所引用的調動五原則，在104年勞動基準法修正時也加以條文化等。為使讀者能夠掌握最新的法律脈動，所以在再版時針對上述法律的修正都有詳細的說明。

　　本書的初版、再版，瑞蘭國際出版社的同仁都給予莫大的幫助與鼓勵，在此致謝！當然更要感謝讀者的支持，更希望本書對於法律的普及化能有拋磚引玉的助益。

呂錦峯 律師
謹序於107年3月1日海灣國際法律事務所

3

作者序

　　據報載，有大學教授收到法院所寄發之支付命令，誤以為是詐騙集團的行騙伎倆便不予理會，詎料，不久，其任職的學校便收到法院寄來的執行命令，要求學校要將該教授薪資1/3的金額交付法院，該教授知悉後徒呼負負而後悔不已！雖然該支付命令之寄發確為詐欺手段，卻是法律上有效的文件，如果該教授稍稍具有一點法律常識，知道支付命令是什麼？也曉得要在收到後20日內向法院提出異議，就不會演變成上述的遺憾。這樣的社會新聞，讓筆者深深感覺到一般社會大眾對於法律常識的欠缺，因為法律問題是每一個人一輩子難以迴避的必修學分，所以就起心動念想要寫一本大家都看得懂且願意看的法律書。

　　一般人想到法律便聯想到厚重的六法全書而望之卻步，其實大家通常會碰到的法律問題相對於浩瀚如海的法條，簡直只是九牛一毛，也就是說，只要掌握稍許的法律常識就可以應付日常生活所發生的法律問題，所以筆者就依執業多年來的經驗挑選婚姻、親子、繼承、債權債務、職場、消費、網路、交通、不動產、刑事程序等面向來介紹。

　　向大家介紹法律常識是一件苦差事，因為法律本來就是非常專業的學門，敘述時稍不小心就會滿口專業用語，常讓學習的朋友有聽沒有懂，為了避免這種情況發生，筆者想到最近商業界非常流行的「故事行銷」，所以就用故事案例做開頭讓大家能感同身受，在解析案例時，文

字敘述上口語化，遇有專業名詞便稍加解釋，為求閱讀順暢也盡量不在本文引用法條，但會在文章之後載明相關法條以方便大家對照引用；此外，筆者執業已20年，在實際處理案件的時候，累積了許多處理案件的「眉角」（台語），因此在案例解析之後用「律師叮嚀」的方式提醒大家實際處理時應該注意的事項，又怕大家看完案例文章後見樹不見林，所以再用圖示的方式總結整篇文章的整體架構。總之，就是要無所不用其極來加強本書的吸睛力！

本書的完成要特別感謝瑞蘭國際出版社社長王愿琦與主編王彥萍，她們基於企業社會責任的理念，希望讀者能夠透過本書吸收基本的法律常識，並在寫作方向、案例安排、文章內容、編輯作業各方面充分給予筆者很多的揮灑空間與建議，特此致謝！此外也要感謝本事務所魏均穎小姐的協助。最後筆者希望本書能讓大家在知法的前提下，預防並避免法律問題的發生，縱或發生法律糾紛，也能依法找到最有利於自己的法律地位來處理問題。

呂錦峯 律師

謹序於103年10月1日海灣國際法律事務所

目　錄

我真的想離婚？！
一、有關婚姻的生活法律問題

我想保護我的孩子？！
二、有關親子的生活法律問題

財產都是我的？！

三、有關繼承的生活法律問題

都是金錢惹的禍？！

四、有關債權債務的生活法律問題

我不想幹了？！
五、有關職場的生活法律問題

你怎麼可以這樣對我？！
六、有關消費的生活法律問題

這是我的家為什麼不行？！

九、有關不動產的生活法律問題

看到警察大人好緊張？！

十、有關刑事程序的生活法律問題

我真的想離婚？！
一、有關婚姻的生活法律問題

1 遇到家庭暴力怎麼辦？

2 配偶移情別戀另組家庭，要如何離婚？

3 先生在大陸包二奶，怎麼辦？

4 離婚後可以向對方請求剩餘財產分配嗎？

5 離婚後子女應由誰監護？

1 遇到家庭暴力怎麼辦？

　　國雄與珍珍結婚數年，生有一子小明，國雄一直以來皆經營塑膠射出生意，但一方面因為技術層次不高，另外一方面大陸廠商低價競爭，所以生意江河日下，然而國雄不思振作卻相信算命，認為是珍珍、小明與他的八字不符，稍有不如意便對珍珍、小明母子大罵三字經，連街坊鄰居都抱不平，近來國雄常常藉酒消愁，酒後便毆打母子倆，前幾天更拿球棒當街追打，請問珍珍要如何處理家暴問題？

▌呂律師這樣說

　　過去傳統社會在大男人主義陰影下，家庭暴力屢見不鮮，被害者常因家醜不可外揚、顧及長輩顏面而隱忍，現在社會雖明智已開，但家庭暴力仍然層出不窮，為防止家庭暴力，目前已有家庭暴力防治法與相關配套措施因應，不過還是有許多人不甚了解，本文即藉此案例說明之。

一、家庭成員的範圍：

　　雖然稱為家庭暴力防治法，但所謂家庭的成員並不狹隘，包括1.配偶及前配偶（例如前妻、前夫）。2.現有或曾有同居關係、家長家屬或家屬間關係（例如未婚同居情侶關係、同居同志關係、繼父母、同居人子女

等）。3.現為或曾為直系血親或直系姻親（例如父母、祖父母、公婆、岳父母、養父母、孫子女等）。4.現為或曾為四親等以內之旁系血親或旁系姻親（例如兄弟姊妹、伯、叔、姑、舅、姨、堂兄弟姊妹、表兄弟姊妹、姑丈、伯母、堂兄弟妻、堂姊妹夫、表兄弟妻、表姊妹夫等）。

二、家庭暴力的意義：

　　所謂家庭暴力是指家庭成員間實施身體、精神或經濟上之騷擾、控制、脅迫或其他不法侵害之行為。所以除了身體上的侵害行為外，還包括精神上及經濟上的侵害，例如：1.言詞攻擊，像是辱罵三字經、謾罵對方的無能愚蠢、恐嚇殺死全家、威脅再也見不到小孩等言語。2.心理或情緒虐待，像是竊聽、跟蹤、監視、冷漠、鄙視、羞辱、不實指控、破壞物品、試圖操縱被害人等，足以使對方畏懼或心生痛苦的各種舉動。3.性騷擾，像是強迫性幻想或特別的性活動、逼迫觀看性活動、展示色情影片或圖片等。4.經濟上的侵害，包括下列足以使被害人畏懼或痛苦之舉動或行為：(1)過度控制家庭財務、拒絕或阻礙被害人工作等方式。(2)透過強迫借貸、強迫擔任保證人或強迫被害人就現金、有價證券與其他動產及不動產為交付、所有權移轉、設定負擔及限制使用收益等方式。

三、保護令的聲請：

　　保護令有通常保護令、暫時保護令及緊急保護令。遇有家庭暴力行為

被害人、檢察官、警察機關、直轄市及縣轄市主管機關可以向被害人住居所地、相對人住居所地或家庭暴力發生地法院聲請通常保護令與暫時保護令（參附件）；緊急性保護令之聲請權人限於由檢察官、警察機關或直轄市及縣市政府主管機關始得提出。

四、保護令的內容：

　　法院於受理保護令聲請後，認為有家庭暴力之事實且有必要時，可以核發下列一項或數項之通常保護令，若為暫時保護令或為緊急保護令時，法院可核發下列第（一）項至第（六）項、第（十二）項、第（十三）項之命令：

（一）禁止相對人對於被害人、目睹家庭暴力兒童及少年或其特定家庭成員實施家庭暴力。

（二）禁止相對人對於被害人、目睹家庭暴力兒童及少年或其特定家庭成員為騷擾、接觸、跟蹤、通話、通信或其他非必要之聯絡行為。

（三）命相對人遷出被害人、目睹家庭暴力兒童及少年或其特定家庭成員之住居所；必要時，並得禁止相對人就該不動產為使用、收益或處分行為。

（四）命相對人遠離下列場所特定距離：被害人目睹家庭暴力兒童及少年或其特定家庭成員之住居所、學校、工作場所或其他被害人或其特定家庭成員經常出入之特定場所。

（五）定汽車、機車及其他個人生活上、職業上或教育上必需品之使用權；必要時，並得命交付之。

（六）定暫時對未成年子女權利義務之行使或負擔，由當事人之一方或雙方共同任之、行使或負擔之內容及方法；必要時，並得命交付子女。

（七）定相對人對未成年子女會面交往之時間、地點及方式；必要時，並得禁止會面交往。

（八）命相對人給付被害人住居所之租金或被害人及其未成年子女之扶養費。

（九）命相對人交付被害人或特定家庭成員之醫療、輔導、庇護所或財物損害等費用。

（十）命相對人完成加害人處遇計畫。

（十一）命相對人負擔相當之律師費用。

（十二）禁止相對人查閱被害人及受其暫時監護之未成年子女戶籍、學籍、所得來源相關資訊。

（十三）命其他保護被害人、目睹家庭暴力兒童及少年或其特定家庭成員之必要命令。

五、違反保護令罪的處罰：

　　保護令相對人（即加害人）若有違反（一）禁止實施家庭暴力。（二）禁止騷擾、接觸、跟蹤、通話、通信或其他非必要之聯絡行為。（三）遷出住居所。（四）遠離住居所、工作場所、學校或其他特定場所。（五）完成加害人處遇計畫等之命令時，可處3年以下有期徒刑、拘役或科或併科新臺幣10萬元以下罰金。

六、結語

　　國雄動輒對珍珍、小明大罵三字經的行為，屬於家庭暴力中精神上不法侵害之行為，另外毆打的行為也是身體上不法侵害之家庭暴力，都已構成家庭暴力的要件，珍珍可以書狀直接向法院聲請保護令，也可以經由檢察官、警察機關或直轄市、縣市主管機關聲請，聲請時，應檢具驗傷診斷書、相關知悉家庭暴力的證人名單及相關證據。法院的審理不公開且必要時可以隔別訊問，珍珍也可以聲請親屬或社工人員等陪同在場，法律也要求法院要提供被害人或證人安全出庭之環境與措施，所以

珍珍不用擔心出庭的危險，將來國雄若有上述違反保護令罪情事，珍珍可以向警察機關或檢察官提出刑事告訴來追究不法行為。

　　除了上述家庭暴力防治法的相關規定外，國雄對於珍珍、小明的毆打行為，也有可能構成刑罰上的傷害罪、重傷罪，珍珍、小明對此可以依法提出刑事告訴，與上述聲請可同時為之，當然也可以同時向法院提出裁判離婚的請求。

律師叮嚀：

　　雖然上述有提到許多聲請保護令的方式及程序，不過遇到家暴行為時，先找警察或打113專線就對了。113專線主要是提供民眾有關家庭暴力、性侵害及兒少保護事件的通報及諮詢窗口，24小時全年無休，除有國台語服務外，還設置有英語、印尼語、越語、泰語、柬埔寨語等多國語言的通譯，可以三方通話方式提供協助。撥打113保護專線，不必擔心身分曝光。因為法律規定對於通報人的身分資料要保密，如果通報錯誤沒有任何責任。

GO!

民事通常保護令聲請狀

案號	年度家護字第	號	承辦股別	

聲請人	○○○	國民身分證統一編號或護照等身分證明文件字號： 性別：男／女　　生日：　　　　職業： 住：（□請保密，詳附件1） 郵遞區號：　　　電話、手機：（□請保密，詳附件1） 傳真： 電子郵件位址： 送達代收人： 送達處所：（□請保密，詳附件1） ＊是否請求法官隔別詢問或為其他適當之安全措施： 　□是（原因：　　　　　　　　　　　） 　□否
法定 代理人	○○○	國民身分證統一編號或護照等身分證明文件字號： 性別：男／女　　生日：　　　　職業： 住： 郵遞區號：　　　電話、手機： 傳真： 電子郵件位址： 送達代收人： 送達處所：（□請保密，詳附件1）
代理人	○○○	國民身分證統一編號或護照等身分證明文件字號： 性別：男／女　　生日：　　　　職業： 住： 郵遞區號：　　　電話、手機： 傳真： 電子郵件位址： 送達代收人： 送達處所：

被害人	○○○	□ 即聲請人（如聲請人與被害人為同一人，請逕於下方「◎」部分填寫資料；如有聲請人以外的其他被害人，仍須詳載其他被害人資料） 國民身分證統一編號或護照等身分證明文件字號： 性別：男／女　　生日：　　　　職業： 住：（□請保密，詳附件1） 郵遞區號：　　　電話、手機：（□請保密，詳附件1） 傳真： 電子郵件位址： ＊是否請求法官隔別詢問或為其他適當之安全措施： □是（原因：　　　　　　　　　　　） □否 ◎於審理時，是否需聲請親屬或個案輔導之社工人員、心理師陪同到場 □是（姓名：　　　身分：　　　聯絡處所： 　　　聯絡電話：　　　　　　　　） □否
送達代收人	○○○	送達處所：（□請保密，詳附件1）
相對人	○○○	國民身分證統一編號或護照等身分證明文件字號： 性別：男／女　　生日：　　　　職業： 住： 郵遞區號：　　電話：　　　傳真： 電子郵件位址： 送達代收人： 送達處所：

為聲請民事通常保護令事：

聲請意旨

聲請對相對人核發下列內容的通常保護令（請勾選符合所欲聲請之保護令種類及內容，內容後所示數字為家庭暴力防治法第14條第1項該款）

☐相對人不得對下列之人實施身體、精神或經濟上之騷擾、控制、脅迫或其他不法侵害之行為（14-1-1）：

  ☐被害人

  ☐被害人子女_____

  ☐目睹家庭暴力兒童及少年_____

  ☐被害人其他家庭成員_____

☐相對人不得對於

  ☐被害人

  ☐目睹家庭暴力兒童及少年_____

  ☐特定家庭成員_____

  為下列聯絡行為（14-1-2）：

  ☐騷擾；☐接觸；☐跟蹤；☐通話；☐通信；☐其他_____。

☐相對人應在　　年　　月　　日　　時前遷出下列住居所，並將全部鑰匙交付被害人（請提供房屋權狀或租約影本）（14-1-3前段）：

  ☐被害人

  ☐目睹家庭暴力兒童及少年_____

  ☐特定家庭成員_____

  地址：_____縣（市）_____區（鄉、鎮、市）_____街（路）___號___樓

☐相對人不得就上開不動產（包括建物及其座落土地）為任何處分行為；亦不得為下列有礙於被害人使用該不動產之行為（14-1-3後段）：

  ☐出租；☐出借；☐設定負擔；☐其他_____。

☐相對人應遠離下列場所至少___公尺（14-1-4）：

  1、住居所：☐被害人　　☐目睹家庭暴力兒童及少年_____

　　　　□特定家庭成員_____　　　之住居所

　　　　地址：_____

2、學　校：□被害人　　□目睹家庭暴力兒童及少年_____

　　　　　　　□特定家庭成員_____　　　之學校

　　　　地址：_____

3、工作場所：□被害人　　□目睹家庭暴力兒童及少年_____

　　　　　　　　□特定家庭成員_____　　　之工作場所

　　　　地址：_____

4、經常出入之場所：□被害人

　　　　　　　　　□目睹家庭暴力兒童及少年_____

　　　　　　　　　□特定家庭成員_____　　經常出入之場所

　　　　地址：_____

□相對人應遠離下列區域（14-1-4）：

　　□　　　縣（市）　　鄉鎮市以東　以西　以南　以北

　　□　　　鄰里

　　□其他_____

□下列物品之使用權歸被害人（14-1-5）：

　　□汽車（車號：_____）

　　□機車（車號：_____）

　　□其他物品_____

□相對人應於____年____月____日時前，在_____將上開物品連同相關證件、鑰匙

　　等交付被害人。（請提供車籍資料或相關證明文件）（14-1-5）

□下列未成年子女權利義務之行使或負擔，暫定由

　　□被害人　　□相對人　　□被害人及相對人共同，

　　以下述方式任之（14-1-6）：

　　未成年子女姓名_____、性別____、出生日期____年__月__日、權利義務行使負擔之

　　內容及方法：(請詳述)

□相對人應於_____年___月___日___午___時前，於_____處所前，將子女姓名__
　　_____、性別___、出生日期___年__月_日交付被害人（14-1-6）。

□相對人得依下列時間、地點、方式與前開未成年子女姓名_____、性別____、出生
　　日期___年__月__日會面交往（14-1-7）：

　　時間：

　　地點：

　　方式：

□相對人不得與前開未成年子女為任何會面交往（14-1-7）。

□相對人應按月於每月___日前給付被害人（14-1-8）：

　　□住居所租金（新臺幣，下同）_____元　　□扶養費_____元

　　□未成年子女（姓名）_____之扶養費_____元。

□相對人應交付下列費用予□被害人　□特定家庭成員（姓名）_____（14-1-9）：

　　□醫療費用_____元　　□輔導費用_____元

　　□庇護所費用_____元　　□財物損害費用_____元

　　□其他費用_____元。

□相對人應完成下列處遇計畫（14-1-10）：

　　□認知教育輔導　　□親職教育輔導

　　□心理輔導　　　　□精神治療

　　□戒癮治療（□酒精　□藥物濫用　□毒品　□其他_____）

　　□其他 _____。

□相對人應負擔律師費_____元（14-1-11）。

□禁止相對人查閱被害人及受其暫時監護之未成年子女（姓名）_____下列資訊
　　（14-1-12）：

　　□戶籍　　□學籍　　□所得來源　　□其他_____

□其他保護被害人、目睹家庭暴力兒童及少年暨其特定家庭成員之必要命令（14-1-13）
　　_____。

□程序費用由相對人負擔。

原因事實

（請勾選符合您本件聲請的原因及事實，如有其他補充陳述，請在「其他」項下填寫）

（一）被害人、相對人的關係：

　　□婚姻中（□共同生活□分居）

　　□離婚

　　□現有或□曾有下列關係：

　　　　□同居關係　□家長家屬　□家屬間　□直系血親

　　　　□直系姻親　□四親等內旁系血親　　□四親等內旁系姻親

　　　　□未同居伴侶　□其他：_____。

（二）被害人的職業：□無　　□有_____

　　經濟狀況：□低收入戶　□小康之家　□中產以上

　　　　　　　□其他_____

　　教育程度：□國小　□國中　□高中（職）　□大學（專）□研究所　□其他_____

　　相對人的職業：□無　　□有_____

　　經濟狀況：□低收入戶　□小康之家　□中產以上　□其他_____

　　教育程度：□國小　□國中　□高中（職）　□大學（專）□研究所　□其他_____

　　有共同子女__人；其中未成年子女__人，姓名_____、年齡___。

（三）家庭暴力發生的時間、原因、地點：

　　發生時間：_____年___月___日___時___分

　　發生原因：□感情問題　□個性不合　□口角　□慣常性虐待

　　　　　　　□酗酒　　　□施用毒品、禁藥或其他迷幻藥物

　　　　　　　□經濟（財務）問題　□兒女管教問題

　　　　　　　□親屬相處問題　□不良嗜好　□精神異常

　　　　　　　□出入不當場所（場所種類：_____）

　　　　　　　□其他：_____。

　　　　　　　發生地點：_____。

（四）被害人及其家庭成員是否遭受相對人暴力攻擊？

　　　□否；□是

　　　（遭受攻擊者姓名：＿＿＿＿＿＿，係□兒童□少年□成人□老人）。

　　　遭受何種暴力？□普通傷害

　　　　　　　　　　□重傷害（指毀壞眼睛、耳朵、四肢、言語、味覺、嗅覺、生殖等機能或

　　　　　　　　　　造成嚴重損害）

　　　　　　　　　　□殺人未遂　□殺人　□性侵害　□妨害自由

　　　　　　　　　　□目睹家庭暴力　□其他＿＿＿＿。

　　　攻擊態樣：□使用槍枝　□使用刀械　□使用棍棒　□徒手　□其他：＿＿＿＿。

　　　是否受傷：□否　　□是（受傷部位：＿＿＿＿＿＿。）

　　　是否驗傷：□否　　□是（是否經醫療院所開具驗傷單？□否；□是

　　　【請提供驗傷單】）。

　　　對暴力行為有無具體描述？□無；□有（請描述）

　　　被害人是否覺得有生命危險？□否；□是（請描述原因＿＿＿＿＿＿＿＿）

（五）被害人及其家庭成員是否遭受相對人恐嚇、脅迫、辱罵及其他精神上不法侵害？

　　　□否；□是（其具體內容為：＿＿＿＿＿＿＿＿）

（六）被害人及其家庭成員是否遭受相對人經濟上控制、脅迫或其他經濟上不法侵害？

　　　□否；□是（其具體內容為：＿＿＿＿＿＿＿＿。）

（七）是否有任何財物毀損？□否；□是（被毀損之物品為：＿＿＿＿＿＿、＿＿＿＿＿，

　　　屬於＿＿＿＿所有。【請提供證明文件】）

（八）相對人以前是否曾對被害人及其家庭成員實施暴力行為？

　　　□否

　　　□是（共__次，距離本次事件之前，上次發生的時間：___年__月__日，被害人＿＿＿，

　　　　具體內容為：＿＿＿＿。

　　　相對人以前是否曾因家庭暴力行為，經法院核發民事保護令？

　　　□否

　　　□是（共__次，並請記載案號：○○法院○年度○字第○號民事裁定】。）

（九）相對人以前是否曾以言詞、文字或其他方法恐嚇被害人不得報警或尋求協助？
　　　□否　　□是。

（十）相對人以前是否曾經接受治療或輔導：
　　　□否
　　　□是，□認知教育輔導　　□心理輔導　　□親職教育輔導
　　　　　　□精神治療　　□戒癮治療（□酒精　□藥物濫用　□毒品
　　　　　　□其他_____）
　　　　　　□其他_____
　　　治療或輔導機構為：_____，成效如何？_____

（十一）被害人希望相對人交付物品之場所為：_____。

（十二）被害人是否要求對其本人及子女的□住居所　□聯絡地址　□電話及手機　予以保密？
　　　　□否　□是。

（十三）其他：（請敘明）

證物名稱及件數	一、證人姓名及住所： 二、證物：

此　致
○○○○地方法院（少年及家事法院）家事法庭　公鑒

　　　　　　　　　　　　　　　　　　中華民國　　　年　　　月　　　日

　　　　　　　　　　　　　　具狀人　　　　　簽名蓋章
　　　　　　　　　　　　　　撰狀人　　　　　簽名蓋章

25

參考法條

家庭暴力防治法第2條：「本法用詞定義如下：一、家庭暴力：指家庭成員間實施身體、精神或經濟上之騷擾、控制、脅迫或其他不法侵害之行為。二、家庭暴力罪：指家庭成員間故意實施家庭暴力行為而成立其他法律所規定之犯罪。三、目睹家庭暴力：指看見或直接聽聞家庭暴力。四、騷擾：指任何打擾、警告、嘲弄或辱罵他人之言語、動作或製造使人心生畏怖情境之行為。五、跟蹤：指任何以人員、車輛、工具、設備、電子通訊或其他方法持續性監視、跟迫或掌控他人行蹤及活動之行為。六、加害人處遇計畫：指對於加害人實施之認知教育輔導、親職教育輔導、心理輔導、精神治療、戒癮治療或其他輔導、治療。」

家庭暴力防治法第3條：「本法所定家庭成員，包括下列各員及其未成年子女：一、配偶或前配偶。二、現有或曾有同居關係、家長家屬或家屬間關係者。三、現為或曾為直系血親或直系姻親。四、現為或曾為四親等以內之旁系血親或旁系姻親。」

家庭暴力防治法第9條：「民事保護令（以下簡稱保護令）分為通常保護令、暫時保護令及緊急保護令。」

家庭暴力防治法第10條：「被害人得向法院聲請通常保護令、暫時保護令；被害人為未成年人、身心障礙者或因故難以委任代理人者，其法定代理人、三親等以內之血親或姻親，得為其向法院聲請之。檢察官、警察機關或直轄市、縣（市）主管機關得向法院聲請保護令。保護令之聲請、撤銷、變更、延長及抗告，均免徵裁判費，並準用民事訴訟法第77條之23第4項規定。」

家庭暴力防治法第11條：「保護令之聲請，由被害人之住居所地、相對人之住居所地或家庭暴力發生地之地方法院管轄。前項地方法院，於設有少年及家事法院地區，指少年及家事法院。」

家庭暴力防治法第12條：「保護令之聲請，應以書面為之。但被害人有受家庭暴力之急迫危險者，檢察官、警察機關或直轄市、縣（市）主管機關，得以言詞、電信傳真或其他科技設備傳送之方式聲請緊急保護令，並得於夜間或休息日為之。前項聲請得不記載聲請人或被害人之住居所，僅記載其送達處所。法院為定管轄權，得調查被害人之住居所。經聲請人或被害人要求保密被害人之住居所，法院應以祕密方式訊問，將該筆錄及相關資料密封，並禁止閱覽。」

家庭暴力防治法第13條：「聲請保護令之程式或要件有欠缺者，法院應以裁定駁回之。但其情形可以補正者，應定期間先命補正。法院得依職權調查證據，必要時得隔別訊問。前項隔別訊問，必要時得依聲請或依職權在法庭外為之，或採有聲音及影像相互傳送之科技設備或其他適當隔離措施。被害人得於審理時，聲請其親屬或個案輔導之社工人員、心理師陪同被害人在場，並得陳述意見。保護令事件之審理不公開。法院於審理終結前，得聽取直轄市、縣（市）主管機關或社會福利機構之意見。保護令事件不得進行調解或和解。法院受理保護令之聲請後，應即行審理程序，不得以當事人間有其他案件偵查或訴訟繫屬為由，延緩核發保護令。」

家庭暴力防治法第14條：「法院於審理終結後，認有家庭暴力之事實且有必要者，應依聲請或依職權核發包括下列1款或數款之通常保護令：一、禁止相對人對於被害人、目睹家庭暴力兒童及少年或其特定家庭成員實施家庭暴力。二、禁止相對人對於被害人、目睹家庭暴力兒童及少年或其特定家庭成員為騷擾、接觸、跟蹤、通話、通信或其他非必要之聯絡行為。三、命相對人遷出被害人、目睹家庭暴力兒童及少年或其特定家庭成員之住居所；必要時，並得禁止相對人就該不動產為使用、收益或處分行為。四、命相對人遠離下列場所特定距離：被害人、目睹家庭暴力兒童及少年或其特定家庭成員之住居所、學校、工作場所或其他經常出入之特定場所。五、定汽車、機車及其他個人生活上、職業上或教育上必需品之使用權；必要時，並得命交付之。六、定暫時對未成年子女權利義務之行使或負擔，由當事人之一方或雙方共同任之、行使或負擔之內容及方法；必要時，並得命交付子女。七、定相對人對未成年子女會面交往之時間、地點及方式；必要時，並得禁止會面交往。八、命相對人給付被害人住居所之租金或被害人及其未成年子女之扶養費。九、命相對人交付被害人或特定家庭成員之醫療、輔導、庇護所或財物損害等費用。十、命相對人完成加害人處遇計畫。十一、命相對人負擔相當之律師費用。十二、禁止相對人查閱被害人及受其暫時監護之未成年子女戶籍、學籍、所得來源相關資訊。十三、命其他保護被害人目睹家庭暴力兒童及少年或其特定家庭成員之必要命令。法院為前項第6款、第7款裁定前，應考量未成年子女之最佳利益，必要時並得徵詢未成年子女或社會工作人員之意見。第1項第10款之加害人處遇計畫，法院得逕命相對人接受認知教育輔導、親職教育輔導及其他輔導，並得命相對人接受有無必要施以其他處遇計畫之鑑定；直轄市、縣（市）主管機關得於法院裁定前，對處遇計畫之實施方式提出建議。第1項第10款之裁定應載明處遇計畫完成期限。」

家庭暴力防治法第61條：「違反法院依第14條第1項、第16條第3項所為之下列裁定者，為本法所稱違反保護令罪，處3年以下有期徒刑、拘役或科或併科新臺幣10萬元以下罰金：一、禁止實施家庭暴力。二、禁止騷擾、接觸、跟蹤、通話、通信或其他非必要之聯絡行為。三、遷出住居所。四、遠離住居所、工作場所、學校或其他特定場所。五、完成加害人處遇計畫。」

2 配偶移情別戀另組家庭，要如何離婚？

志明與春嬌結婚10幾年並生有一子一女，過去志明在桃園經營紡織廠，但近年來因紡織業不景氣，所以在7、8年前志明就到大陸珠海設廠，不久之後就與工廠女會計美麗同居並生下兒子，春嬌雖百般規勸，但志明卻仍置之不理，春嬌想要離婚，不曉得該怎麼辦？

▌呂律師這樣說

大陸就包二奶的現象有一句順口溜，「十個男人九個包，還有一個是草包」，再加上台灣男人溫柔多金，很難不陷入美人關。春嬌是典型的台灣媳婦，刻苦耐勞又勤儉持家，遇到志明外遇不歸，實在是情何以堪！不過勉強的婚姻關係也無法長久，春嬌考慮離婚情所難免。

依照民法規定，離婚有兩種方式，一種是兩願離婚，不透過法院訴訟的方式而由雙方依自由意願離婚，如果是未成年人要離婚，則應得到法定代理人（通常是父母）的同意，這種方式必須以書面為之，而且在書面上要有2人以上證人之簽名，並應向戶政機關為離婚之登記，上述證人要有行為能力（年滿20歲），證人必須證明夫妻雙方在簽訂離婚書面時

確有離婚之意思，且一定要夫妻協同到戶政機關辦完離婚登記後才會發生離婚的效力，只有離婚協議書並不發生效力。

另外一種則是裁判離婚，夫妻若有一方不願意離婚，或者對於離婚的相關條件不同意時，另一方若堅持要離婚，就要向法院請求離婚，這種方式要符合法律所規定的事由才可以提起，如重婚、與配偶以外之人合意性交、夫妻之一方對他方為不堪同居之虐待、夫妻之一方對他方之直系親屬為虐待，或夫妻一方之直系親屬對他方為虐待，致不堪為共同生活、夫妻之一方以惡意遺棄他方在繼續狀態中、夫妻之一方意圖殺害他方、有不治之惡疾、有重大不治之精神病、生死不明已逾3年、因故意犯罪，經判處有期徒刑逾6個月確定，另外，有前述以外之重大事由，難以維持婚姻者，夫妻之一方得請求離婚。但其事由應由夫妻之一方負責者，僅他方得請求離婚，例如，案例中志明外遇背叛婚姻，他自己就不得向法院訴請離婚。

如果夫妻之一方想要訴請裁判離婚時，要特別注意，若就「重婚」、「與配偶以外之人合意性交」於事前同意或事後原諒，又或者知悉之後已超過6個月、或自上述情事發生後已超過2年，這樣就沒有辦法請求離婚。此外，若以「夫妻之一方意圖殺害他方」、「因故意犯罪，經判處

有期徒刑逾6個月確定」訴請離婚時，應自知悉後1年內，或自上述情事發生後5年內為之，超過就不能以該原因請求離婚。

綜上，春嬌可與志明協議離婚，也可以志明「與配偶以外之人合意性交」為由請求法院裁判離婚。

律師叮嚀：

一、夫妻間不管因為任何原因想要結束婚姻關係，基於家醜不外揚與維持日後的和諧關係，最好用兩願離婚的方式，盡量以心平氣和的態度約定財產、子女監護權的歸屬；若以訴請離婚的方式，基本上是採取公開審判的模式，且雙方為求勝訴勢必百般攻擊對方，有時候還要小孩做證人說對方的不是，到最後不管誰勝誰負，都造成雙方及小孩心理上嚴重的傷害，且訴訟曠日費時更是時間、金錢上的重大負擔。

二、因協議離婚到戶政事務所辦理離婚登記時，夫妻雙方應親自到任一方戶籍所在地之戶政事務所，並攜帶離婚協議書（參附件例稿）、戶口名簿、身分證、印章（簽名亦可）、相片1張（更換身分證之用）。

三、兩岸人民通婚的情形越來越多，若有離婚者，大陸地區人民的離婚書件須經海基會驗證，大陸法院判決離婚者，應持民事判決書及確定證明書再經我國法院裁定認可；在大陸法院民事調解離婚者，應經海基會驗證之大陸法院民事調解書及收受該民事調解的送達憑證辦理。

四、查110年1月13日修正公布第12條為：「滿18歲為成年」、第13條則刪除原第3項：「未成年人已結婚者，有行為能力」，但依民法總則施行法規定，上開兩條文字112年1月1日才施行，故本案例還是以原法條作為依據說明，此外，上開施行法也規定在112年1月1日前滿18歲而於同日未滿20歲者，自同日起為成年，併予說明。

兩願離婚書

立離婚書人 ＿＿＿＿＿（以下簡稱 方）茲因雙方意見不合，難偕白首，同意離婚，

茲經雙方同意訂立本兩願離婚書約，條件如後：

一、本離婚書約簽訂後，雙方婚姻關係解除，嗣後雙方嫁娶各不相干。

二、雙方在婚姻存續中所生子（女）＿＿約定由＿＿方行使負擔未成年子女權利義務。

三、特約條件：

四、本離婚書自訂立後，應共同向戶政機關登記始生效力。

五、依民法1050條規定特立兩願離婚書一式三份，除各執一份為據外，另一份送戶政事
　　務所辦理離婚登記之用。

　　　　　　　　　立離婚書人：甲方（男）：　　　　　　　（簽名蓋章）

　　　　　　　　　　　　　　身分證統一編號：

　　　　　　　　　　　　　　戶籍地址：

　　　　　　　　　　　　　　乙方（女）：　　　　　　　（簽名蓋章）

　　　　　　　　　　　　　　身分證統一編號：

　　　　　　　　　　　　　　戶籍地址：

　　　　　　　　　　　　證　人：　　　　　　　（簽名蓋章）

　　　　　　　　　　　　　　身分證統一編號：

　　　　　　　　　　　　　　戶籍地址：

　　　　　　　　　　　　證　人：　　　　　　　（簽名蓋章）

　　　　　　　　　　　　　　身分證統一編號：

　　　　　　　　　　　　　　戶籍地址：

　　　　　　　中華民國　　　　年　　　　月　　　　日

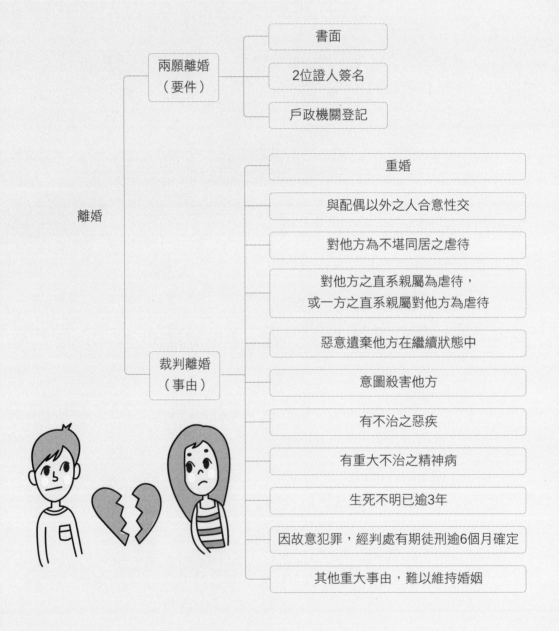

兩願離婚
（要件）

書面

2位證人簽名

戶政機關登記

離婚

裁判離婚
（事由）

重婚

與配偶以外之人合意性交

對他方為不堪同居之虐待

對他方之直系親屬為虐待，
或一方之直系親屬對他方為虐待

惡意遺棄他方在繼續狀態中

意圖殺害他方

有不治之惡疾

有重大不治之精神病

生死不明已逾3年

因故意犯罪，經判處有期徒刑逾6個月確定

其他重大事由，難以維持婚姻

參考法條

民法第12條：「滿20歲為成年。」

民法第1049條：「夫妻兩願離婚者，得自行離婚。」

民法第1050條：「兩願離婚，應以書面為之，有2人以上證人之簽名並應向戶政機關為離婚之登記。」

民法第1052條：「夫妻之一方，有下列情形之一者，他方得向法院請求離婚：一、重婚。二、與配偶以外之人合意性交。三、夫妻之一方對他方為不堪同居之虐待。四、夫妻之一方對他方之直系親屬為虐待，或夫妻一方之直系親屬對他方為虐待，致不堪為共同生活。五、夫妻之一方以惡意遺棄他方在繼續狀態中。六、夫妻之一方意圖殺害他方。七、有不治之惡疾。八、有重大不治之精神病。九、生死不明已逾3年。十、因故意犯罪，經判處有期徒刑逾6個月確定。有前項以外之重大事由，難以維持婚姻者，夫妻之一方得請求離婚。但其事由應由夫妻之一方負責者，僅他方得請求離婚。」

民法第1052條之1：「離婚經法院調解或法院和解成立者，婚姻關係消滅。法院應依職權通知該管戶政機關。」

民法第1053條：「對於前條第1款、第2款之情事，有請求權之一方，於事前同意或事後宥恕，或知悉後已逾6個月，或自其情事發生後已逾2年者，不得請求離婚。」

民法第1054條：「對於第1052條第6款及第10款之情事，有請求權之一方，自知悉後已逾1年，或自其情事發生後已逾5年者，不得請求離婚。」

3 先生在大陸包二奶，怎麼辦？

　　大雄原本在台灣彰化經營鞋墊以供附近鞋廠使用，後來鞋廠因為生產成本過高而將整廠移往大陸福建漳州，大雄迫不得已便將工廠遷往漳州，隨著大陸蓬勃的經濟發展，大雄的生意越來越好，留在大陸的時間越來越長，他的太太宜靜為了照顧小孩，沒有辦法到大陸陪伴大雄，大雄在寂寞之餘，遂與大陸女子曉莉同居並供養其生活，最近宜靜發現大雄有上述包二奶情事，請問宜靜在法律上有什麼權利？

▋ 呂律師這樣說

　　上述案例其實就是一般台商包二奶的公式，許多台商家庭似乎無法避免這種破碎婚姻的宿命。「包二奶」這個名詞不管在台灣或大陸都不是一個正式的法律用語，一般大眾所認知的意義亦相當紛歧，有認為是重婚者、有認為是非法同居者，不一而足。

　　大陸刑法並不處罰通姦行為，亦即偶爾地與婚外異性發生性關係，並不承擔刑事責任，他們認為通姦應屬道德規範的對象，不能過分迷信刑罰萬能論而處罰通姦行為，但是刑法處罰重婚罪。所謂重婚罪乃指有配偶之人又與他人結婚或明知他人有配偶而與之結婚的行為，依照大陸最

高人民法院的意見，承認事實婚姻關係，亦即，雖未經結婚登記，但以夫妻名義共同生活、時間較長，周圍群眾也認為同居者為夫妻時，即構成事實婚。因此，若臨時姘居、通姦或非以夫妻名義共同生活即非事實婚，只要前後婚符合法定婚或事實婚的要件，便有可能構成重婚罪，可處2年以下有期徒刑或拘役。

另外，若明知是現役軍人的配偶而與之同居的，依中國大陸刑法259條，可處3年以下有期徒刑或者拘役，若僅僅是偶爾的通姦而未共同生活時，仍不構成上述犯罪。

依中國民法典有關請求裁判離婚的法定情形中有所謂「與他人同居的」，也是包二奶的樣態之一，與前述的事實婚有點類似，但概念上截然不同，所謂「與他人同居」，依大陸最高人民法院司法解釋是指「有配偶者與婚外異性，不以夫妻名義、持續、穩定地共同居住」，因此與事實婚、重婚與通姦的情形又不一樣。若通姦情形頻繁或情節嚴重，在大陸也可以中國民法典所規定「其他導致夫妻感情破裂的情形」請求訴訟離婚。

在台灣若「包二奶」的型態係重婚，依刑法規定，處5年以下有期徒刑，但台灣並無事實婚的結婚方式，所謂結婚，依民法規定，應以書面

為之，有2人以上證人之簽名，並應由雙方當事人向戶政機關為結婚之登記，若台商在大陸也辦理結婚登記並取得結婚證，則在台灣會構成重婚罪；若是通姦，因刑法於110年5月31日經立法院刪除第239條通姦罪的規定，故通姦罪已除罪化，但未通姦的一方仍得依民法的規定請求損害賠償。此外，在民法請求裁判離婚的規定中，重婚與通姦都是法定事由，如果可以證明的話，就可以請求裁判離婚。

律師叮嚀：

　　近年來通姦罪除罪化的呼聲高漲，雖司法院大法官會議釋字第554號解釋仍認為該罪規定乃「維護婚姻、家庭制度及社會秩序所必要……並未逾越；立法形成自由之空間，與憲法第23條比例原則之規定尚無違背」，肯定通姦罪存在的價值，但嗣後第791號解釋則推翻前開第554號解釋的見解，認為：「刑法第239條規定：『有配偶而與人通姦者，處1年以下有期徒刑。其相姦者亦同。』對憲法第22條所保障性自主權之限制，與憲法第23條比例原則不符，應自本解釋公布之日起失其效力；於此範圍內，本院釋字第554號解釋應予變更。」，嗣後立法院於110年5月31日配合前開第791號解釋刪除刑法第239條規定，但通姦的另一方仍得依民法的規定，以侵害基於配偶關係所生之身分法益情節重大為由，向通姦之兩方請求損害賠償。

GO!

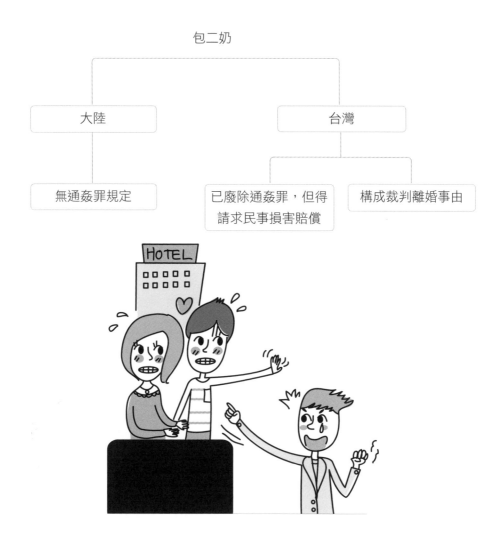

參考法條

中國民法典第1079條：「夫妻一方要求離婚的，可以由有關組織進行調解或者直接向人民法院提起離婚訴訟。人民法院審理離婚案件，應當進行調解；如果感情確已破裂，調解無效的，應當準予離婚。有下列情形之一，調解無效的，應當準予離婚：（一）重婚或者與他人同居；（二）實施家庭暴力或者虐待、遺棄家庭成員；（三）有賭博、吸毒等惡習屢教不改；（四）因感情不和分居滿二年；（五）其他導致夫妻感情破裂的情形。一方被宣告失蹤，另一方提起離婚訴訟的，應當準予離婚。經人民法院判決不準離婚後，雙方又分居滿一年，一方再次提起離婚訴訟的，應當準予離婚。」

大陸刑法第258條：「有配偶而重婚的，或者明知他人有配偶而與之結婚的，處2年以下有期徒刑或者拘役。」

大陸刑法第259條：「明知是現役軍人的配偶而與之同居或者結婚的，處3年以下有期徒刑或者拘役。利用職權、從屬關係，以脅迫手段姦淫現役軍人的妻子的，依照本法第236條的規定定罪處罰。」

民法第982條：「結婚應以書面為之，有2人以上證人之簽名，並應由雙方當事人向戶政機關為結婚之登記。」

民法第1052條：「夫妻之一方，有下列情形之一者，他方得向法院請求離婚：一、重婚。二、與配偶以外之人合意性交。三、夫妻之一方對他方為不堪同居之虐待。四、夫妻之一方對他方之直系親屬為虐待，或夫妻一方之直系親屬對他方為虐待，致不堪為共同生活。五、夫妻之一方以惡意遺棄他方在繼續狀態中。六、夫妻之一方意圖殺害他方。七、有不治之惡疾。八、有重大不治之精神病。九、生死不明已逾3年。十、因故意犯罪，經判處有期徒刑逾6個月確定。有前項以外之重大事由，難以維持婚姻者，夫妻之一方得請求離婚。但其事由應由夫妻之一方負責者，僅他方得請求離婚。」

刑法第237條：「有配偶而重為婚姻或同時與2人以上結婚者，處5年以下有期徒刑。其相婚者亦同。」

刑事訴訟法第237條：「告訴乃論之罪，其告訴應自得為告訴之人知悉犯人之時起，於6個月內為之。得為告訴之人有數人，其一人遲誤期間者，其效力不及於他人。」

離婚後可以向對方請求剩餘財產分配嗎？

　　志明與春嬌是窮小子與富家女的結婚典型，結婚時並未約定夫妻財產制，但多年的婚姻到最近卻走到盡頭，雙方都有離婚的打算。志明在婚前一無所有，婚後在春嬌的協助下事業大發，目前名下擁有3棟房子，價值6,000萬元，但房屋貸款1,000萬元，現金2,000萬元，海外基金1,000萬元；春嬌在婚前即有房屋2棟，目前價值3,000萬元，在婚姻關係存續中，因母親死亡又繼承1棟房子，目前價值5,000萬元，另有現金1,000萬元。請問此時春嬌可以向志明請求財產分配嗎？

▍呂律師這樣說

　　有情人雖然可以終成眷屬，但不見得可以白頭偕老，既然做不成夫妻，免不了要解決彼此的財產關係，雖然很現實卻不得不處理。關於夫妻財產制，可以在結婚前或結婚後約定，例如約定共同財產制或分別財產制，前者，離婚時，原則上，夫妻各取回訂立共同財產制時的財產，於共同財產制關係存續中所取得之共同財產，則由夫妻各得其半數；後者，因為自始即約定夫妻各保有其財產之所有權，各自有管理、使用、收益及處分的權利，則在離婚時，基本上，就沒有互相請求的問題。

然而，絕大多數的人都未約定夫妻財產制，所以就必須適用民法所規定的法定財產制，因此在離婚的時候，夫妻之一方就有可能依法得對他方請求剩餘財產的分配，要怎麼請求分配呢？首先，要知道列入分配的財產，僅限於現存之婚後財產，但應扣除婚姻關係存續間所負之債務、因繼承或其他無償取得之財產、慰撫金後，如有剩餘，則雙方剩餘財產之差額，原則上應平均分配。

　　以本案例來看，春嬌在婚前所取得之2棟房屋（婚前財產）、婚姻關係存續中因為繼承所取得的房屋1棟，並不列入分配，因此列入分配得婚後財產包括志明名下擁有3棟房子、現金2,000萬元、海外基金1,000萬元，但要扣除房屋貸款1,000萬元的債務；春嬌要列入分配的財產只有現金1,000萬元。依此計算，雙方剩餘財產差額為7,000萬元（計算公式：6,000＋2,000＋1,000－1,000＝8,000【這是志明的剩餘財產】、現金1,000【這是春嬌的剩餘財產】，8,000－1,000＝7,000），故春嬌可以向志明請求3,500萬元的剩餘財產分配（即差額的一半），這是法律上規定的權利，在協議離婚的場合，可以經由雙方的約定增加或減少。若由法院來裁判，則依上述的方式定之，但春嬌若有不顧家庭等情形，法院則可以平均分配有失公平為理由，調整或免除春嬌的分配額。

律師叮嚀：

一、法律不保障權利在睡覺的人，所以上述春嬌可以向志明請求剩餘財產分配的權利，並不會天長地久都會存在，法律規定，春嬌必須在知道有上述財產差額時起，2年內向志明請求；此外，也必須自離婚後5年內行使，否則以後請求，志明可以拒絕支付。

二、假設志明竟然「深謀遠慮」，在離婚之前就想要減少春嬌的剩餘財產分配，所以就在1年前陸續把3棟房屋出賣然後隱匿價金，此時將造成春嬌起碼少分得3,000萬元（3棟房屋現值6,000萬元的一半），為了防止上述的不公平情形，春嬌可以主張志明是為減少她的剩餘財產分配而處分上述3棟房屋，因此仍然可以將上述6,000萬元列入剩餘財產分配。

三、關於剩餘財產的分配，夫妻間沒有辦法達成協議時，在訴訟上的攻防會相當的複雜，在婚姻關係存續中的大筆支出要非常小心，最好留有證據，例如收據、契約書，否則，在訴訟上他方都會主張為減少他方對於剩餘財產之分配而追加計算該筆支

出，或許這樣說對一般夫妻而言，實在有點匪夷所思，但在實際訴訟中卻常見，值得大家注意。

四、有關於剩餘財產差額平均分配的調整，在110年1月間有經過修正，修正過的條文為民法第1130條之1第2項：「夫妻之一方對於婚姻生活無貢獻或協力，或有其他情事，致平均分配有失公平者，法院得調整或免除其分配額。」、第3項：「法院為前項裁判時，應綜合衡酌夫妻婚姻存續期間之家事勞動、子女照顧養育、對家庭付出之整體協力狀況、共同生活及分居時間之久暫、婚後財產取得時間、雙方之經濟能力等因素。」，因上開修正，使得法院對剩餘財產平均分配的調整或免除有更具體的標準。

五、另外，因注意消滅時效的規定，即「剩餘財產差額之分配請求權」自請求權人知有剩餘財產之差額時起，二年間不行使而消滅。自法定財產制關係消滅時起，逾五年者，亦同」。

剩餘財產的分配

	志 明	春 嬌
現存婚後財產	9,000萬元	6,000萬元
扣除繼承、無償取得財產	0元	5,000萬元
扣除婚姻關係存續債務	1,000萬元	0元
剩餘財產	8,000萬元	1,000萬元

算式：（8,000萬 − 1,000萬）÷ 2 = 3,500萬

春嬌可以向志明請求 **½**
剩餘財產差額的

即**3,500萬元**

參考法條

民法第1004條：「夫妻得於結婚前或結婚後，以契約就本法所定之約定財產制中，選擇其一，為其夫妻財產制。」

民法第1005條：「夫妻未以契約訂立夫妻財產制者，除本法另有規定外，以法定財產制，為其夫妻財產制。」

民法第1020條之1：「夫或妻於婚姻關係存續中就其婚後財產所為之無償行為，有害及法定財產制關係消滅後他方之剩餘財產分配請求權者，他方得聲請法院撤銷之。但為履行道德上義務所為之相當贈與，不在此限。夫或妻於婚姻關係存續中就其婚後財產所為之有償行為，於行為時明知有損於法定財產制關係消滅後他方之剩餘財產分配請求權者，以受益人受益時亦知其情事者為限，他方得聲請法院撤銷之。」

民法第1030條之1：「法定財產制關係消滅時，夫或妻現存之婚後財產，扣除婚姻關係存續所負債務後，如有剩餘，其雙方剩餘財產之差額，應平均分配。但下列財產不在此限：一、因繼承或其他無償取得之財產。二、慰撫金。夫妻之一方對於婚姻生活無貢獻或協力，或有其他情事，致平均分配有失公平者，法院得調整或免除其分配額。法院為前項裁判時，應綜合衡酌夫妻婚姻存續期間之家事勞動、子女照顧養育、對家庭付出之整體協力狀況、共同生活及分居時間之久暫、婚後財產取得時間、雙方之經濟能力等因素。第1項請求權，不得讓與或繼承。但已依契約承諾，或已起訴者，不在此限。第1項剩餘財產差額之分配請求權，自請求權人知有剩餘財產之差額時起，2年間不行使而消滅。自法定財產制關係消滅時起，逾5年者，亦同。」

民法第1030條之2：「夫或妻之一方以其婚後財產清償其婚前所負債務，或以其婚前財產清償婚姻關係存續中所負債務，除已補償者外，於法定財產制關係消滅時，應分別納入現存之婚後財產或婚姻關係存續中所負債務計算。夫或妻之一方以其前條第1項但書之財產清償婚姻關係存續中其所負債務者，適用前項之規定。」

民法第1030條之3：「夫或妻為減少他方對於剩餘財產之分配，而於法定財產制關係消滅前5年內處分其婚後財產者，應將該財產追加計算，視為現存之婚後財產。但為履行道德上義務所為之相當贈與，不在此限。前項情形，分配權利人於義務人不足清償其應得之分配額時，得就其不足額，對受領之第三人於其所受利益內請求返還。但受領為有償者，以顯不相當對價取得者為限。前項對第三人之請求權，於知悉其分配權利受侵害時起2年間不行使而消滅。自法定財產制關係消滅時起，逾5年者，亦同。」

民法第1031條：「夫妻之財產及所得，除特有財產外，合併為共同財產，屬於夫妻公同共有。」

民法第1044條：「分別財產，夫妻各保有其財產之所有權，各自管理、使用、收益及處分。」

5 離婚後子女應由誰監護？

志明與春嬌是大學同學，同是從台南北上求學，再加上都參加登山社，因而成為男女朋友，大學畢業後即結婚、婚後生育一子。婚後志明從商，搭上台灣70～80年代經濟起飛的列車，生意蒸蒸日上，另一方面，春嬌婚後就擔任教職，兩人的生活方式南轅北轍，幾乎沒有交集點，志明雖然收入高，但卻讓春嬌獨守空閨，長久以來兩人感情日漸淡薄，春嬌與其同事建國卻日久生情產生憧憬而發生婚外情，春嬌想要離婚也想要擁有未成年兒子的監護權，不知如何爭取？

▌呂律師這樣說

近年來台灣人尤其是年輕男女的婚姻自主意識逐漸提高，白頭偕老已非唯一選項，在婚姻破裂無法縫合的情況下，離婚似乎是最佳的選擇，此時最關心的，除了財產的分配外，就是子女監護權的歸屬，案例中外遇的春嬌，在子女監護權的爭取上是不是居於絕對的劣勢呢？

離婚後對未成年子女的監護，若夫妻雙方可以協議，則依雙方的協議定之，可以協議對未成年子女權利義務之行使與負擔，由一方或雙方共同任之。若未協議或協議不成，法院得依夫妻之一方、主管機關（如

社會局）、社會福利機構或其他利害關係人之請求或依職權酌定之。那法院是以如何的標準決定子女監護權的歸屬呢？是不是離婚可歸責之一方，就一定無法取得子女的監護權呢？

按照法律的規定，法院在決定監護權歸屬時，應依子女之最佳利益，斟酌一切情狀，參考社工人員之訪視報告，尤其應注意下列事項：

一、子女的年齡、性別、人數及健康情形。一般而言，小孩年紀小，除有特別考量外，法院會認為母親的照顧較符合子女利益。

二、子女之意願及人格發展之需要。若父母之一方有偏激人格、虐待小孩、精神病史的情形，對於子女人格發展有不利的影響。

三、父母之年齡、職業、品行、健康情形、經濟能力及生活狀況。父母之一方有外遇的情形，不見得是品行不好，仍必須綜合所有情形，以子女之最佳利益判斷之；同理，經濟能力的好壞也只是評估的項目之一，因為縱使父母離婚，子女不論由誰監護，另一方還是負有支付撫養費用的義務。

四、父母保護教養子女之意願及態度。

五、父母子女間或未成年子女與其他共同生活間感情狀況。除了父母子女間的互動外，法院還會考量支援系統的部分，例如，父母各方的朋友、親族方面的協助與支持，若小孩從小就跟母親娘家住在附近、經常來往且獲得支援，另一方面，與夫家親戚較為疏遠，如果父親又忙於工作，此時，法院會將支援系統的優劣列為重要考量之一。

六、父母之一方是否有妨礙他方對未成年子女權利義務行使負擔之行為。

七、各族群之傳統習俗、文化及價值觀。

　　前述子女最佳利益之審酌，法院除得參考社工人員之訪視報告或家事調查官之調查報告外，並得依囑託警察機關、稅捐機關、金融機構、學校及其他有關機關、團體或具有相關專業知識之適當人士，就特定事項調查之結果加以認定。

　　依照志明與春嬌的生活模式來看，是典型男主外女主內的婚姻型態，小孩的教養應該主要都是春嬌為之，雖然春嬌資力無法與志明相比，但以教師的收入撫養小孩應仍綽綽有餘，縱使有外遇的情形，除

非有嚴重影響小孩人格發展的特殊行為，否則，法院不見得會把監護權判歸志明。

律師叮嚀：

一、法院裁判子女監護權歸屬的時候，一般都會請相關機關作成訪視報告做為參考，該報告會包括父母的身心狀況、家庭（家族）成員及互動狀況、婚姻狀況、經濟能力、居家環境、生活狀況及素行、照顧兒少經驗及互動情形、監護動機與意願、教養態度與照顧計畫、兒少被監護之意願、父母對於探視權的看法等等，再做出評估建議，父母可以依照上述事項檢視自己的監護能力。

二、法院在評估時，通常會隔離父母而單獨跟子女談話，甚至會運用圖畫的方式了解子女內心真實的想法，例如會請子女畫出想到爸爸、媽媽、兄弟姐妹、或對家的感覺等等，評估的方式總體來講相當全面與專業。

51

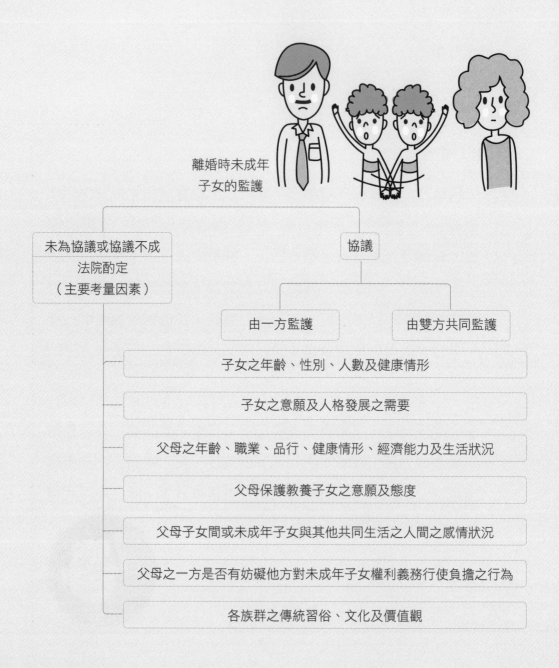

離婚時未成年
子女的監護

未為協議或協議不成
法院酌定
（主要考量因素）

協議

由一方監護

由雙方共同監護

子女之年齡、性別、人數及健康情形

子女之意願及人格發展之需要

父母之年齡、職業、品行、健康情形、經濟能力及生活狀況

父母保護教養子女之意願及態度

父母子女間或未成年子女與其他共同生活之人間之感情狀況

父母之一方是否有妨礙他方對未成年子女權利義務行使負擔之行為

各族群之傳統習俗、文化及價值觀

參考法條

民法第1055條：「夫妻離婚者，對於未成年子女權利義務之行使或負擔，依協議由一方或雙方共同任之。未為協議或協議不成者，法院得依夫妻之一方、主管機關、社會福利機構或其他利害關係人之請求或依職權酌定之。前項協議不利於子女者，法院得依主管機關、社會福利機構或其他利害關係人之請求或依職權為子女之利益改定之。行使、負擔權利義務之一方未盡保護教養之義務或對未成年子女有不利之情事者，他方、未成年子女、主管機關、社會福利機構或其他利害關係人得為子女之利益，請求法院改定之。前3項情形，法院得依請求或依職權，為子女之利益酌定權利義務行使負擔之內容及方法。法院得依請求或依職權，為未行使或負擔權利義務之一方酌定其與未成年子女會面交往之方式及期間。但其會面交往有妨害子女之利益者，法院得依請求或依職權變更之。」

民法第1055-1條：「法院為前條裁判時，應依子女之最佳利益，審酌一切情狀，尤應注意下列事項：一、子女之年齡、性別、人數及健康情形。二、子女之意願及人格發展之需要。三、父母之年齡、職業、品行、健康情形、經濟能力及生活狀況。四、父母保護教養子女之意願及態度。五、父母子女間或未成年子女與其他共同生活之人間之感情狀況。六、父母之一方是否有妨礙他方對未成年子女權利義務行使負擔之行為。七、各族群之傳統習俗、文化及價值觀。前項子女最佳利益之審酌，法院除得參考社工人員之訪視報告或家事調查官之調查報告外，並得依囑託警察機關、稅捐機關、金融機構、學校及其他有關機關、團體或具有相關專業知識之適當人士就特定事項調查之結果認定之。」

MEMO

我想保護我的孩子？！
二、有關親子的生活法律問題

6 我的小孩遇到校園霸凌事件怎麼辦？

7 小孩騎機車撞到人，父母要不要負責任？

8 我家16歲的兒子擅自買機車，請問有無效力？

9 如何利用信託保障單親年幼子女財產安全？

6 我的小孩遇到校園霸凌事件怎麼辦？

　　國光16歲，目前是高二學生，身高180公分、體形壯碩，在校內只要一言不和或看不順眼便毆打同學，所以同學都很怕他。小明因雙親開設診所，因此出手闊綽，引起國光的注意，常在小明上廁所的時候，夥同4～5個同學，恐嚇小明，要小明每天提供保護費100元，否則，見到一次打一次，小明在被痛打一次後，便乖乖交上保護費，後來小明父母發現其零用金需求異常，在嚴屬詢問後才發現上述情事，請問此時應該如何處理？

▍呂律師這樣說

　　案例中所述的情況就是典型的校園霸凌事件，被害的小孩常常迫於恐懼的陰影而不敢向師長父母訴說，導致身心受到極大的傷害，進而造成心情抑鬱、成績低落、人格扭曲等負面結果，所以教導學生如何面對霸凌，應該是為人父母及教育單位刻不容緩的義務。

　　首先應該了解國光的法律責任：

一、刑事責任：

　　國光顯然涉有刑法所規定傷害罪與恐嚇取財罪，但因其為16歲，所以有少年事件處理法的適用，除非少年法院認定其所犯是最輕本刑5年以

上有期徒刑（例如殺人罪），或犯罪情節重大以受刑事處分為適當者，才移送檢察官偵查外，否則，將裁定進行開始審理的程序，若認為犯罪情形確實時，原則上會諭知訓誡、交付保護管束、交付安置、令入感化教育處所等保護處分。

二、民事責任：

國光應與其法定代理人連帶負損害賠償責任，賠償小明財產上與非財產上之損失。

三、行政責任：

主管機關若認為國光的行為已對小明造成身心虐待的情況時，可以依兒童及少年福利與權益保障法的規定，處國光新臺幣6萬元以上60萬元以下罰鍰，並公告其姓名。

國光的父母除上述要與國光負連帶賠償的民事責任外，依據少年事件處理法規定，法定代理人因忽視教養致少年有觸犯刑罰法律之行為，或有無正當理由經常攜帶危險器械等行為，受保護處分或刑之宣告，少年法院得裁定命其接受至少8小時的親職教育輔導；拒不接受親職教育輔導或時數不足者，少年法院得裁定處新臺幣6,000元以上3萬元以下罰鍰，並得按次連續處罰。

教育人員知悉兒童及少年遭受身心虐待者，應立即向直轄市、縣（市）主管機關通報，至遲不得超過24小時，應依法通報、未通報而無正當理由者，依兒童及少年福利與權益保障法規定，最高可6萬元罰鍰。

律師叮嚀：

　　遇有霸凌事件時，家長及學生可以透過下列管道反映：

一、向導師反映。

二、向學校投訴信箱投訴。

三、向縣市反霸凌投訴專線投訴（例如台北市為02-2725-2751 or 1999服務專線）。

四、向教育部24小時專線投訴（0800-200-885）。

五、於校園生活問卷中提出。

六、向教育部防制校園霸凌專區留言專區反映。

七、其他（例如警察）。

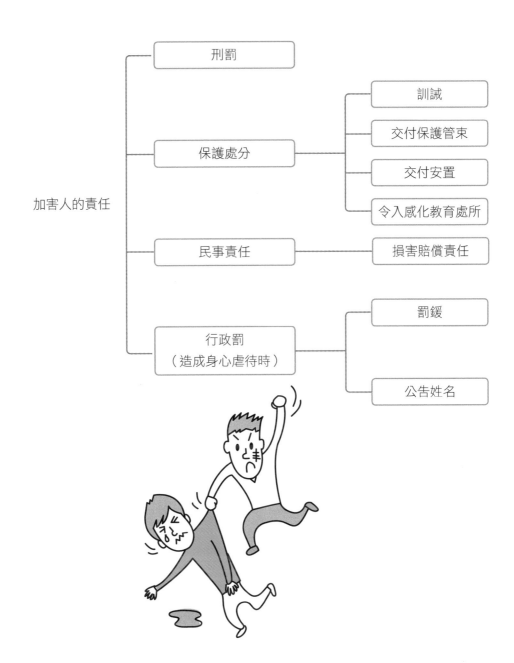

加害人的責任

- 刑罰
- 保護處分
  - 訓誡
  - 交付保護管束
  - 交付安置
  - 令入感化教育處所
- 民事責任
  - 損害賠償責任
- 行政罰
  （造成身心虐待時）
  - 罰鍰
  - 公告姓名

參考法條

兒童及少年福利與權益保障法第97條第1項：「違反第49條各款規定之一者，處新臺幣6萬元以上60萬元以下罰鍰，並得公布其姓名或名稱。」

兒童及少年福利與權益保障法第100條：「醫事人員、社會工作人員、教育人員、保育人員、教保服務人員、警察、司法人員、移民業務人員、戶政人員、村（里）幹事或其他執行兒童及少年福利業務人員，違反第53條第1項通報規定而無正當理由者，處新臺幣6,000元以上6萬元以下罰鍰。」

少年事件處理法第84條：「少年之法定代理人，因忽視教養，致少年有第3條第1項之情形，而受保護處分或刑之宣告，或致保護處分之執行難收效果者，少年法院得裁定命其接受8小時以上50小時以下之親職教育輔導，以強化其親職功能。少年法院為前項親職教育輔導裁定前，認為必要時，得先命少年調查官就忽視教養之事實，提出調查報告並附具建議。親職教育輔導之執行，由少年法院交付少年保護官為之，並得依少年保護官之意見，交付適當之機關、團體或個人為之，受少年保護官之指導。親職教育輔導應於裁定之日起3年內執行之；逾期免予執行，或至多執行至少年滿20歲為止。但因事實上原因以不繼續執行為宜者，少年保護官得檢具事證，聲請少年法院免除其執行。拒不接受前項親職教育輔導或時數不足者，少年法院得裁定處新臺幣6,000元以上3萬元以下罰鍰；經再通知仍不接受者，得按次連續處罰，至其接受為止。其經連續處罰3次以上者，並得裁定公告法定代理人之姓名。前項罰鍰之裁定，得為民事強制執行名義，由少年法院囑託各該地方法院民事執行處強制執行之，免徵執行費。少年之法定代理人或監護人有第1項情形，情況嚴重者，少年法院並得裁定公告其姓名。第1項、第5項及前項之裁定，受處分人得提起抗告，並準用第63條、第64條之規定。」

7 小孩騎機車撞到人，父母要不要負責任？

　　志明目前16歲就讀高中一年級，他的父母在夜市擺攤賣鹽酥雞維生，對於志明下課後的生活無法親自看顧，都由志明的祖母照料，但祖母體弱多病而志明又善於哄騙，所以下課後幾乎由志明自生自滅，志明的父母對此也深感愧疚，所以數日前志明要求買機車作為其生日禮物的時候，志明的父親便以自己的名義買車供志明騎用，生日當天志明第一次騎車很興奮便在街上蛇行飆車，不久便因不熟悉油門而在十字路口右轉時撞傷美麗，請問志明與其父母要負擔什麼責任？

▍呂律師這樣說

　　志明一家的生活就是典型夜市人生的最佳寫照，父母為了討生活無法分身照顧、管教子女，若子女又無法自愛，青春少年兄就會常常發生令人遺憾的事。志明還在就學，大概是身無分文，所以美麗如果只是跟志明求償，應該毫無所得，若能向他的父母請求賠償，則多多少少可以填補些許損失，但法律可以幫忙他嗎？

　　民法規定，未成年人不法侵害他人之權利時，以行為時有識別能力為限，與其法定代理人連帶負損害賠償責任；行為時無識別能力者，由其

法定代理人負損害賠償責任。以本案例而論，所謂識別能力指是否認知其無照騎車所可能帶來之危險性，志明目前是高中一年級學生，應有相當之生活經驗，應足以認識無照騎車所可能帶來的危險性，所以在法律判斷上他應該有識別能力，所以按照上述規定，志明要與他的父母負連帶賠償責任。

志明無照騎車撞傷美麗，志明及其父母除了民事責任以外，還有刑事責任嗎？志明的行為觸犯刑法過失傷害罪（撞傷美麗部分）、妨害交通安全罪（飆車蛇行部分），因其現年16歲，就其上述行為警察機關或檢察署會將案件移送少年法院依少年事件處理法處理，少年法院原則上會選擇訓誡、交付保護管束、交付安置、感化教育其中之一的保護處分，此外志明無照駕車部分，也會被處最高12,000元之罰緩，還要參加道路交通安全講習。志明父母明知志明無駕照卻仍買車供其騎用，司法實務上亦認為就美麗所造成之傷害，志明父母也負有過失傷害的罪責。

志明的父母因忽視教養，甚至縱容志明無照駕車而有上述觸犯刑法的行為，若志明因而受有保護處分時，少年法院可命志明的父母接受8小時以上50小時以下親子教育的輔導，少年法院若認定志明行為情況嚴重者，還會公告志明父母的姓名；依照道路交通管理處罰條例的規定，

志明父因明知志明無駕照卻仍讓其騎用名下機車，將被處最高新臺幣12,000元罰鍰，且必須與志明同時參加道路交通安全講習；若認定志明父母未禁止志明飆車蛇行行為，情節嚴重者，還可以違反兒童及少年福利與權益保障法的規定，處最高新臺幣5萬元罰鍰。

　為人父母者切莫輕忽教養子女的責任，不僅要承擔子女在外闖禍的民事責任，還有可能負擔罰鍰、被公告姓名，甚至還會被處以刑罰，實不可不慎！

律師叮嚀：

一、雖然民法規定，如果父母能證明對子女並未疏於監督，或縱加以相當之監督仍不免發生損害而主張不負賠償責任，但案例中志明的父母，明知志明無駕照卻仍購買機車供志明騎用，顯然無法主張不負賠償責任。司法實務上，幾乎找不到有父母可以舉證免責的例子，即便有確實舉證，法院也可以因被害人的聲請，斟酌未成年人、其父母與被害人之經濟情況，令未成年人或其父母為全部或一部分之損害賠償。總之，父母要脫免責任難上加難。！

二、 上文中所謂連帶賠償責任是指美麗可以各向志明或其父、母請求全部的賠償金額，但僅能以全部賠償金額為限。舉例而言，若依法律規定美麗損害總額是100萬元，美麗可以選擇向其中一人要一部分或全部，當然美麗可以向志明的父親請求賠償100萬元，若志明父親只能賠償50萬元，則美麗可以再向志明母親或志明請求賠償50萬元，若志明母親已賠償50萬元，則美麗不得再向志明請求賠償。

三、 附帶一提，汽機車所有人若允許無駕照（包括無駕照、以機車駕照駕駛小型車、使用偽造、變造或矇領之駕照駕駛小型車或機車、駕照業經吊銷、註銷仍駕駛小型車或機車、駕照吊扣期間駕駛小型車或機車）之人駕駛其汽機車時，最高可處12,000元罰緩，並記汽車違規紀錄一次，但能證明已善盡查證駕駛人駕照資格之注意或縱加以相當注意而仍不免發生違規者，不在此限。

四、兒童及少年福利與權益保障法於104年修正時，在兒童及少年的禁止行為中增加「超過合理時間持續使用電子類產品，致有害身心健康」的樣態，例如長時間使用手機或電腦上網玩遊戲成癮等，父母有禁止的義務，若未禁止而情節嚴重者，最高可處新台幣5萬元之罰鍰，為人父母者，不可不察！

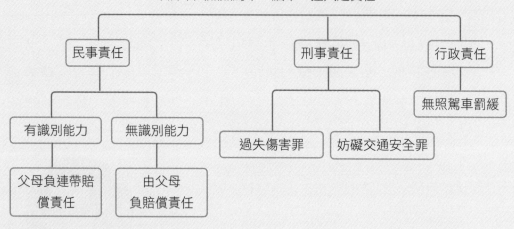

未成年人無照駕車、飆車、撞人之責任

- 民事責任
  - 有識別能力
    - 父母負連帶賠償責任
  - 無識別能力
    - 由父母負賠償責任
- 刑事責任
  - 過失傷害罪
  - 妨礙交通安全罪
- 行政責任
  - 無照駕車罰緩

參考法條

民法第187條：「無行為能力人或限制行為能力人，不法侵害他人之權利者，以行為時有識別能力為限，與其法定代理人連帶負損害賠償責任。行為時無識別能力者，由其法定代理人負損害賠償責任。前項情形，法定代理人如其監督並未疏懈，或縱加以相當之監督，而仍不免發生損害者，不負賠償責任。如不能依前二項規定受損害賠償時，法院因被害人之聲請，得斟酌行為人及其法定代理人與被害人之經濟狀況，令行為人或其法定代理人為全部或一部之損害賠償。前項規定，於其他之人，在無意識或精神錯亂中所為之行為致第三人受損害時，準用之。」

刑法第185條：「損壞或壅塞陸路、水路、橋樑或其他公眾往來之設備或以他法致生往來之危險者，處5年以下有期徒刑，拘役或500元以下罰金。因而致人於死者，處無期徒刑或7年以上有期徒刑。致重傷者，處3年以上10年以下有期徒刑。第1項之未遂犯罰之。」

刑法第277條：「傷害人之身體或健康者，處3年以下有期徒刑、拘役或1,000元以下罰金。犯前項之罪因而致人於死者，處無期徒刑或7年以上有期徒刑；致重傷者，處3年以上10年以下有期徒刑。」

兒童及少年福利與權利保障法第43條：「兒童及少年不得為下列行為：一、吸菸、飲酒、嚼檳榔。二、施用毒品、非法施用管制藥品或其他有害身心健康之物質。三、觀看、閱覽、收聽或使用有害其身心健康之暴力、血腥、色情、猥褻、賭博之出版品、圖畫、錄影節目帶、影片、光碟、磁片、電子訊號、遊戲軟體、網際網路內容或其他物品。四、在道路上競駛、競技或以蛇行等危險方式駕車或參與其行為。五、超過合理時間持續使用電子類產品，致有害身心健康。父母、監護人或其他實際照顧兒童及少年之人，應禁止兒童及少年為前項各款行為。任何人均不得販賣、交付或供應第1項第1款至第3款之物質、物品予兒童及少年。任何人均不得對兒童及少年散布或播送第1項第3款之內容或物品。」

兒童及少年福利與權利保障法第91條：「父母、監護人或其他實際照顧兒童及少年之人，違反第43條第2項規定，情節嚴重者，處新臺幣1萬元以上5萬元以下罰鍰。供應酒或檳榔予兒童及少年者，處新臺幣1萬元以上5萬元以下罰鍰。販賣、交付或供應毒品、非法供應管制藥品或其他有害身心健康之物質予兒童及少年者，處新臺幣6萬元以上30萬元以下罰鍰。販賣、交付或供應有關暴力、血腥、色情或猥褻出版品、圖畫、錄影節目帶、影片、光碟、電子訊號、遊戲軟體或其他物品予兒童及少年者，處新臺幣2萬元以上10萬元以下罰鍰。違反第43條第4項規定者，除新聞紙依第45條及第93條規定辦理外，處新臺幣5萬元以上25萬元以下罰鍰，並公布其姓名或名稱及命其限期改善；屆期未改善者，得按次處罰；情節嚴重者，並得由主管機關移請目的事業主管機關勒令停業1個月以上1年以下。」

道路交通管理處罰條例第21條：「汽車駕駛人，有下列情形之一者，處新臺幣6,000元以上12,000元以下罰鍰，並當場禁止其駕駛：一、未領有駕駛執照駕駛小型車或機車。二、領有機車駕駛執照，駕駛小型車。三、使用偽造、變造或矇領之駕駛執照駕駛小型車或機車。四、駕駛執照業經吊銷、註銷仍駕駛小型車或機車。五、駕駛執照吊扣期間駕駛小型車或機車。六、領有學習駕駛證，而無領有駕駛執照之駕駛人在旁指導，在駕駛學習場外學習駕車。七、領有學習駕駛證，在駕駛學習場外未經許可之學習駕駛道路或規定時間駕車。八、未領有駕駛執照，以教導他人學習駕車為業。九、其他未依駕駛執照之持照條件規定駕車。前項第9款駕駛執照之持照條件規定，由交通部定之。未滿18歲之人，違反第1項第1款或第3款規定者，汽車駕駛人及其法定代理人或監護人，應同時施以道路交通安全講習。第1項第3款、第4款之駕駛執照，均應扣繳之；第5款並吊銷其駕駛執照。汽車所有人允許第1項第1款至第5款之違規駕駛人駕駛其汽車者，除依第1項規定之罰鍰處罰外，並記該汽車違規紀錄一次。但如其已善盡查證駕駛人駕駛執照資格之注意，或縱加以相當注意而仍不免發生違規者，不在此限。」

8 我家16歲的兒子擅自買機車，請問有無效力？

　　曉東16歲，自從上高中之後，對於上課沒有興趣，成天跟同班的國華鬼混，近來國華騎家裡的機車參加車隊，曉東只能坐在後座飆車，感覺非常不過癮，因為國華家裡開機車行，所以國華便慫恿曉東向其父親大德買機車，大德除同意以分期付款每個月3,000元的方式賣給曉東外，也承諾不讓曉東的父母知道。有一天，曉東的父親在家裡附近看到曉東騎著機車呼嘯而過，經詢問後，曉東坦承向大德買機車一事，請問曉東的父親可否主張買賣契約不生效力？

▌呂律師這樣說

　　家裡的小孩子為了日常生活的需要，常常會與外界發生法律關係，例如去便利超商買早餐、搭公車去上學、去百貨公司買球鞋、祖父母贈與小孩100萬元、自己去機車行買機車甚或訂了一間預售屋等等，這些法律行為是全部無效還是有效，還是要加以區分呢？

　　民法規定20歲為成年人，要負完全的民事責任，20歲以下之人，法律又分為未滿7歲與滿7歲以上20歲以下之未成年人，前者為無行為能力人，要由其法定代理人（通常是父母）代為及代受意思表示，所以他所做的法律行為全部無效；後者為限制行為能力人，如果是契約的話，不

管積極行為或消極接受，意思表示均應得到法定代理人之事先允許或事後承認才會發生效力，但純獲法律上之利益，或依其年齡及身分、日常生活所必需者不在此限，但書的情形是什麼意思呢？

所謂「純獲法律上之利益」，即不用任何付出就可以取得利益，例如祖父母贈與小孩100萬元，若是機車行以市價5折的價錢賣給16歲的曉東，則非純獲法律上之利益；所謂「依其年齡及身分、日常生活所必需者」，例如，飲食、購買衣物、搭乘公共交通工具、看電影等，16歲的曉東買機車、訂預售屋就不能算是「依其年齡及身分、日常生活所必需者」，因此必須得到父母的允許或同意，賣車的大德也可以定1個月以上的期限催告曉東的父母確答是否承認，如果曉東的父母沒有回應時，視為拒絕承認。

限制行為能力人所為之法律行為是否有效，有如上述，但有下列例外情形：

一、限制行為能力人若用詐術使人相信其為有行為能力或者已得到法定代理人允許者，其所為之法律行為仍為有效。例如塗改身分證上的真實年齡、偽造經法定代理人同意的函件等，此時所為之法律行為有效。

二、法定代理人允許限制行為能力人處分之財產，就該財產有處分之能力。例如父母給曉東去外地求學、旅行所交付用以繳納各種支出的金錢。

三、法定代理人允許限制行為能力人獨立營業者，限制行為能力人，關於其營業，有行為能力。例如，父母允許曉東經營市場中的豬肉攤，則曉東各個賣豬肉的行為都有效。

四、限制行為能力人已結婚者有行為能力。易言之，其與滿20歲之人相同，獨立負民事法律責任。

律師叮嚀：

　　查110年1月13日修正公布第12條為：「滿18歲為成年」、第13條則刪除原第3項：「未成年人已結婚者，有行為能力」，但依民法總則施行法規定，上開兩條文字112年1月1日才施行，故本案例還是以原法條作為依據說明，此外，上開施行法也規定在112年1月1日前滿18歲而於同日未滿20歲者，自同日起為成年，併予說明。

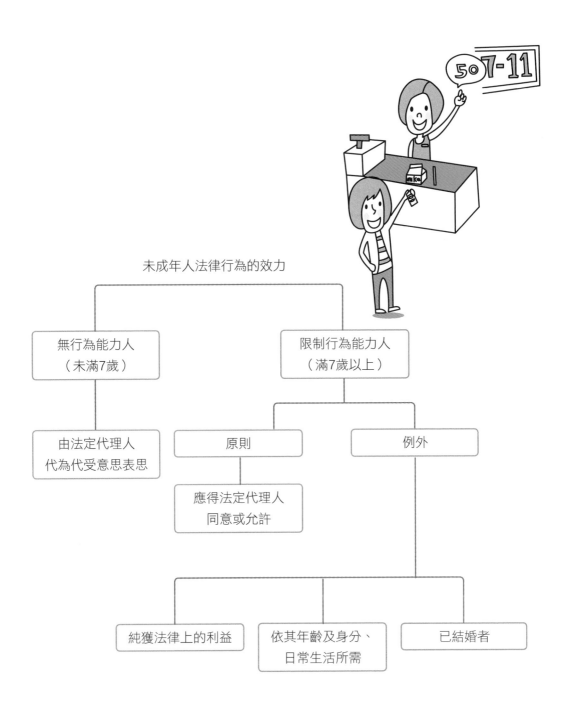

未成年人法律行為的效力

無行為能力人
（未滿7歲）

限制行為能力人
（滿7歲以上）

由法定代理人
代為代受意思表思

原則

例外

應得法定代理人
同意或允許

純獲法律上的利益

依其年齡及身分、
日常生活所需

已結婚者

參考法條

民法第12條：「滿20歲為成年。」

民法第13條：「未滿7歲之未成年人，無行為能力。滿7歲以上之未成年人，有限制行為能力。未成年人已結婚者，有行為能力。」

民法第76條：「無行為能力人由法定代理人代為意思表示，並代受意思表示。」

民法第77條：「限制行為能力人為意思表示及受意思表示，應得法定代理人之允許。但純獲法律上利益，或依其年齡及身分、日常生活所必需者，不在此限。」

民法第79條：「限制行為能力人未得法定代理人之允許，所訂立之契約，須經法定代理人之承認，始生效力。」

民法第80條：「前條契約相對人，得定1個月以上之期限，催告法定代理人，確答是否承認。於前項期限內，法定代理人不為確答者，視為拒絕承認。」

民法第83條：「限制行為能力人用詐術使人信其為有行為能力人或已得法定代理人之允許者，其法律行為為有效。」

民法第84條：「法定代理人允許限制行為能力人處分之財產，限制行為能力人，就該財產有處分之能力。」

民法第85條：「法定代理人允許限制行為能力人獨立營業者，限制行為能力人，關於其營業，有行為能力。限制行為能力人，就其營業有不勝任之情形時，法定代理得將其允許撤銷或限制之。但不得對抗善意第三人。」

9 如何利用信託保障單親年幼子女財產安全？

　　元彬和小瑜結婚數年因個性不合協議離婚，雙方並約定當時1歲大的兒子小志由元彬監護。小瑜離婚不久，即與阿翔結婚並生有一子小豪。元彬因勤奮努力而小有積蓄，目前擁有現金1,000萬元、市價500萬元的股票、土地10筆、建物2棟，但因經常往來於兩岸經商，深恐哪天突遭不測，所有財產將由小瑜所掌控，彼時小瑜是否能真正為小志的利益來管理財產，大有疑問。有人建議元彬可以考慮用信託的方式解決其所憂慮的事情，但信託到底是什麼樣的法律制度？它能解決元彬的問題嗎？

▌呂律師這樣說

　　元彬的憂慮並非杞人憂天，雖然元彬對於小豪有監護權，但一旦元彬不幸死亡，小瑜身為小豪的生母，當然成為小豪之監護人（法律用語是「對於未成年子女權利義務行使或負擔」），對於小豪的財產有管理、使用、收益及處分的權利，雖然法律有規定，非為子女之利益不得處分等防止濫用監護權的規定，但常常緩不濟急、難以舉證或不知如何行使權利，而使上述防弊的規定無法發揮其應有的功能，尤其案例中小瑜已另組家庭，生活的重心及利益考量將不僅限於小豪而已，小瑜對於小豪

名下的財產管理與處分，是否能完全基於小豪利益考量令人堪慮！本文建議可以採取設立遺囑信託的方式，保護小豪的財產。

　　什麼是信託呢？是指委託人將財產移轉或為其他處分，使受託人依信託本旨，為受益人之利益，管理或處分信託財產的法律關係。舉例言之，元彬可以遺囑的方式設立信託，也就是在遺囑裡面載明遺產的全部或一部分將交付信託，元彬如果害怕將來小瑜任意領取現金花用，就可以在遺囑裡面指定將現金1,000萬交由某銀行當做受託人，以小豪為受益人，信託期間為小豪成年之前（也可以約定更久，例如小豪30歲時，可由元彬自由指定），信託期間屆滿之後則將信託餘額交付小豪，在信託期間僅限於小豪的學費、生活費、教育費等用途時，才可以檢具相關單據向受託人聲請領用，信託期間信託財產如何運用也可以指定，例如，除一定現金保留隨時取用外，其他的現金只能存定存或買政府公債以確保信託財產的安全性，元彬若想以他的其他財產設定遺囑信託時亦同。

　　如果有上述遺產信託的設計，應該就不會發生小瑜濫用權利傷害小豪權益的情形！不過要注意，法律對於遺囑有法定方式的要求，不是隨便寫一寫或電腦打一打就會發生遺囑的效力，像實務上認為所謂自書遺囑就必須自己親自書寫，若用電腦打字便屬無效，所以要符合民法有關遺

囑的相關規定，才可以發生上述遺囑信託的效力。

律師叮嚀：

一、 以遺囑設立信託，不是在遺囑內記載信託事務就會當然發生信
託的法律效果，最好同時在遺囑內指定遺囑執行人以執行遺囑
內所載之信託事務，因其他繼承人不見得樂見信託的存在，若
有遺囑執行人執行遺囑，繼承人便不得處分與遺囑有關之遺
產，也不得妨礙其職務之執行。

二、 遺囑信託所指定之受託人並不以上述之金融機構為限，一般人
也可以充任受託人，例如元彬可以指定他的兄弟或父母當受託
人，不過與金融機構相較，顯然金融機構因為受到主管機關嚴
格的監管，比較不會有違反受託義務的情形，但金融機構受任
信託時，會收取簽約手續費（大多為新臺幣3,000元左右），此
外還會收取信託管理費，通常依信託財產近資產價值每年收取
2‰至5‰計算，詳細費率可以詢問金融機構。

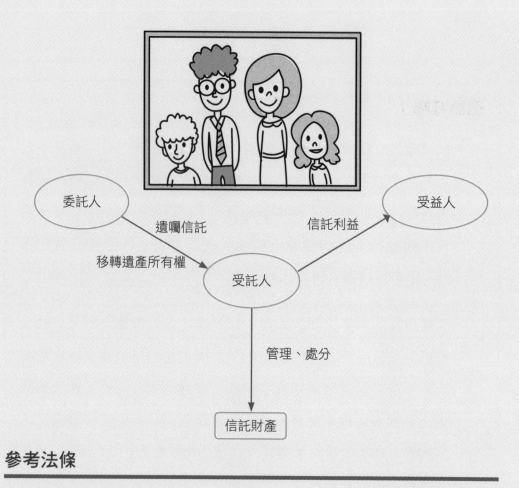

參考法條

信託法第1條：「稱信託者，謂委託人將財產權移轉或為其他處分，使受託人依信託本旨，為受益人之利益或為特定之目的，管理或處分信託財產之關係。」

信託法第2條：「信託，除法律另有規定外，應以契約或遺囑為之。」

民法第1189條：「遺囑應依左列方式之一為之：一、自書遺囑。二、公證遺囑。三、密封遺囑。四、代筆遺囑。五、口授遺囑。」

財產都是我的？！
三、有關繼承的生活法律問題

⑩ 父親過世了，誰是繼承人？應繼分如何計算？

⑪ 父親過世遺有大筆債務，怎麼辦？
可以不繼承債務嗎？

⑫ 如何訂立遺囑？遺囑的效力又如何？

⑬ 遺產如何分配？

⑭ 遺產如何分割？

⑮ 大陸配偶的繼承有特別的規定嗎？

10 父親過世了，誰是繼承人？應繼分如何計算？

志雄與美華是台南同鄉，結婚後就北上從事五金加工事業，生意興隆，累積不少財產。兩人有二子一女，老大國安與小花結婚生有小蘭、小桃二女，但國安不幸於前幾年空難過世；老二國強與靜宜結婚生有家慶一男；小女佳惠嫁給振生不久後難產而死。志雄患有高血壓，但近日卻因寒流來襲而猝死。志雄父母金發、罔市仍健在，白髮人送黑髮人不勝哀淒之至，此外，志雄還有一位弟弟志學。請問誰是志雄的繼承人？各繼承人的應繼分是多少呢？

▋ 呂律師這樣說

被繼承人過世後，大家都約略知道子女與配偶有繼承權，其他相關親戚，例如父母、兄弟、女婿、媳婦等有無繼承權，或者，子女也過世而有孫子女時，孫子女有無繼承權，恐怕大家存有疑問，所以藉這個案例跟大家說明。

按照民法規定，遺產繼承人，除配偶外，依下列順序定之：

一、直系血親卑親屬。二、父母。三、兄弟姐妹。四、祖父母。所謂直系血親卑親屬，是指子女、孫子女，包括養子女，若有前順序之人，

則後順序之人無繼承權，舉例而言，若死者無直系血親卑親屬時，死者父母才有繼承權，縱使死者只有一名子女，死者父母也無繼承權，更不用說後順序的兄弟姐妹、祖父母，若第一順序、第二順序繼承人都不存在，兄弟姐妹才有繼承權。本案例中，志雄還有子女，孫子女，所以志雄的父母金發、罔市及志雄的弟弟志學都無繼承權。至於女婿振生、媳婦小花、靜宜，法律根本未有任何規定，所以無論如何，對志雄的遺產都無繼承權。這樣一來，到底誰是志雄的繼承人，他們的應繼分又是多少呢？

民法規定，子女與孫子女都生存時，孫子女無繼承權，但子女於父親過世前就已死亡時，則該孫子女代位繼承子女的應繼分，子女的配偶並無代位繼承權。死者配偶與第一順序繼承人共同繼承時，其應繼分與他繼承人平均，所謂應繼分就是繼承遺產的比率。以本案例來分析，志雄過世後，繼承人本來應該是配偶美華及子女國安、國強、佳惠，應繼分各為1/4，但繼承時，佳惠早已死亡且無子女，所以佳惠並不是志雄的繼承人，家慶因父親國強尚生存所以無繼承權，雖然國安已死亡，但還有子女小蘭、小桃代位繼承，所以原則上配偶美華、國強應繼分應為1/3，小蘭、小桃繼承國安的應繼分1/3，所以小蘭、小桃繼承的應繼分各為1/6。

律師叮嚀：

一、以上的分析，是以志雄沒有遺囑為前提，若志雄有立遺囑，只要其遺囑並未侵害特留分，則法律上尊重志雄的生前意願而不受上述應繼分的約束。不過，遺囑的安排通常是幾家歡樂幾家愁的結果，遺囑對其不利的繼承人常常會否認遺囑的真正而打官司，立遺囑反而造成手足間日後反目的結果，不可不慎！

二、若志雄與美華並未約定夫妻財產制，且志雄的婚後財產顯然大於美華的婚後財產時，美華對於遺產還可以行使剩餘財產分配請求權。

三、近來喧騰一時的羅家三姊弟，以王永慶有撫育之事實向王永慶繼承人提起確認親子關係存在之訴，勝訴確定之後，縱使是非婚生子女（俗稱私生子），也可以王永慶子女身分（即上述所稱直系血親卑親屬的身分）與其他子女一樣，繼承王永慶的遺產。

四、我國在108年間通過「司法院釋字第748號解釋施行法」，並自同年5月24日施行，上開法律主要針對所謂同性永久結合關係所為之相關規範，如第2條規定：「相同性別之二人，得為經營共同生活之目的，成立具有親密性及排他性之永久結合關係。」，簡稱「第2條關係」，依第4條規定上開關係的成立，應以書面為之，有二人以上證人之簽名，並應由雙方當事人向戶政機關辦理結婚登記，依第23條規定，雙方當事人有相互繼承的權利，且以配偶的身分繼承，因此，同性婚姻當事人有一方死亡時，他方得以配偶身分承受被繼承人財產上一切權利、義務。

註：方框內為志雄的繼承人

參考法條

民法第1138條：「遺產繼承人,除配偶外,依左列順序定之:一、直系血親卑親屬。二、父母。三、兄弟姊妹。四、祖父母。」

民法第1139條:「前條所定第一順序之繼承人,以親等近者為先。」

民法第1140條:「第1138條所定第一順序之繼承人,有於繼承開始前死亡或喪失繼承權者,由其直系血親卑親屬代位繼承其應繼分。」

民法第1141條:「同一順序之繼承人有數人時,按人數平均繼承。但法律另有規定者,不在此限。」

民法第1144條:「配偶有相互繼承遺產之權,其應繼分,依左列各款定之:一、與第1138條所定第一順序之繼承人同為繼承時,其應繼分與他繼承人平均。二、與第1138條所定第二順序或第三順序之繼承人同為繼承時,其應繼分為遺產1/2。三、與第1138條所定第四順序之繼承人同為繼承時,其應繼分為遺產2/3。四、無第1138條所定第一順序至第四順序之繼承人時,其應繼分為遺產全部。」

司法院釋字第七四八號解釋施行法第2條:「相同性別之二人,得為經營共同生活之目的,成立具有親密性及排他性之永久結合關係。」

司法院釋字第七四八號解釋施行法第4條:「成立第2條關係應以書面為之,有二人以上證人之簽名,並應由雙方當事人,依司法院釋字第七四八號解釋之意旨及本法,向戶政機關辦理結婚登記。」

司法院釋字第七四八號解釋施行法第23條:「第2條關係雙方當事人有相互繼承之權利,互為法定繼承人,準用民法繼承編關於繼承人之規定。民法繼承編關於配偶之規定,於第2條關係雙方當事人準用之。」

司法院釋字第七四八號解釋施行法第24條:「民法總則編及債編關於夫妻、配偶、結婚或婚姻之規定,於第2條關係準用之。民法以外之其他法規關於夫妻、配偶、結婚或婚姻之規定,及配偶或夫妻關係所生之規定,於第2條關係準用之。但本法或其他法規另有規定者,不在此限。」

父親過世遺有大筆債務，怎麼辦？可以不繼承債務嗎？

　　建程是計程車司機，在去年初才與美玲結婚，去年底就生有雙胞胎小明、小華，美玲為了照顧子女並未工作。建程一人工作要養三人實在非常辛苦，又近年來因為公車、捷運路線四通八達，讓建程的生意一落千丈，每天開12小時扣掉成本才賺1,000多元，根本沒有辦法養家活口。建程看最近股票漲很多，身邊的人都因投資股票而賺錢，所以向親朋好友甚至銀行借錢投資股票，沒想到金融風暴一來，股市下跌幾千點，建程一時想不開自殺跳樓身亡，遺有約2,000萬元債務，但名下有一棟價值1,000萬的房屋及現金100萬元，此外無其他財產。此時美玲與未及2歲的小明、小華是否要繼承上述債務呢？

▍呂律師這樣說

　　很多人都想以股票致富翻身，不過大多卻越陷越深，尤其是不懂股票操作的人若又用融資融券、期貨等槓桿方式投資的話，更會面臨極大的財務風險。建程為逃避現實而自殺，他的配偶子女是否就承擔鉅額債務的悲劇呢？

　　繼承的發生，毋庸繼承人為任何表示或向任何機關登記就會發生繼

承的法律效果，繼承人原則上自繼承開始就承受被繼承人財產上之一切權利及義務。但是，就被繼承人的債務部分，以應繼承遺產所得為限負清償責任。以本案例而論，既然建程的配偶子女只繼承1棟價值1,000萬元的房子與現金100萬元，所以只要在1,100萬元的範圍內負清償之責即可，這部分是當然發生的法律效果，不需要繼承人為任何主張。

若建程配偶及子女，為了減少債務人對他們的請求而故意為減少遺產之行為，例如故意隱匿建程遺留的100萬現金，卻對外宣稱建程的遺產中沒有現金，希望可以少還債務人100萬元，這個時候法律認為繼承人若有此不正當的行為將不值得法律保護，所以經發現之後，建程配偶子女便不得再主張以所繼承之遺產為限承擔債務，也就是縱使建程配偶子女只繼承價值1,100萬元的遺產，但仍必須承擔建程上述2,000萬元的債務。

若建程的配偶子女認為，建程所遺留的債務太多而且不知道以後會不會冒出來其他的債務，也不想處理這些債務的問題，這個時候他們可以考慮拋棄繼承，所謂拋棄繼承簡單講，就是不願意繼承被繼承人的任何權利與義務，應該在知悉得為繼承之時起3個月內向被繼承人死亡時之住所地法院為拋棄之意思表示（參附件），例如建程的配偶子女知悉建程死亡3個月內要用書面載明拋棄繼承之意旨寄到或送到法院，不可以在被繼承人生前就拋棄，如果超過3個月的時間再拋棄，就不會發生拋棄繼承

的效果。不僅如此還必須以書面通知應拋棄而應為繼承之人，例如，建程的父母，如果建程父母均已過世，則為建程的兄弟姐妹，以此類推。

律師叮嚀：

一、 關於被繼承人生前債務之處理，民法原則上採取限定繼承的方式，但實際上也不能亂清償，在債務大於遺產的情況下，應該要按照各個債務的數額，比例計算，以遺產分別償還。例如，遺產價值為100萬元，債務人甲有債權100萬元、債務人乙有債權100萬元，則繼承人應分別清償債務人甲乙各50萬元。

二、 知悉被繼承人死亡的時候，除了辦喪事以外，尤其要考慮是否拋棄繼承，因為只有3個月的時間，3個月過後就無法再主張拋棄繼承，所以要先了解遺產、債務的實際情況，若遺產遠大於債務則不用考慮拋棄繼承的問題，若遺產遠小於債務或可能有許多債務未爆彈的情況，則要趕快決定是否拋棄繼承。不過無論如何，只要沒有侵害債權人情事，都享有限定繼承的保障。

家事聲請狀

案號	年度字第	號	承辦股別	

訴訟標的	新臺幣

聲請人	○○○	國民身分證統一編號（或營利事業統一編號）： 性別：男／女　生日：　　　職業： 住： 郵遞區號：　　　電話： 傳真： 電子郵件位址： 送達代收人： 送達處所：

為聲請拋棄繼承權，請准予備查事：

聲請人為被繼承人○○○（出生年月日、身分證字號、最後住所地地址）之

合法繼承人，聲請人自願拋棄繼

☐ 被繼承人於民國○○年○月○日死亡，

☐ 聲請人於民國○○年○月○日接獲前一順位繼承人拋棄繼承通知書，始知悉繼承開始，聲請人自願拋棄繼承權，除分別通知其他繼承人☐ 死亡證明書 ☐ 除戶戶籍謄本一份、聲請人戶籍謄本○份、繼承系統表、繼承權拋棄通知書收據等如附件，具狀聲明拋棄繼承權，

請准予備查。

此　致
○○○○地方法院（少年及家事法院）家事法庭　公鑒

證物名稱及件數	一、被繼承人☐死亡證明書☐除戶戶籍謄本乙件。 二、拋棄繼承人之戶籍謄本○件。 三、繼承系統表。 四、繼承權拋棄通知書及收據（或回執）各乙件。 五、其他（如印鑑證明）。

中華民國　　　　年　　　　月　　　　日

具狀人　　　　　　　　　　簽名蓋章

撰狀人　　　　　　　　　　簽名蓋章

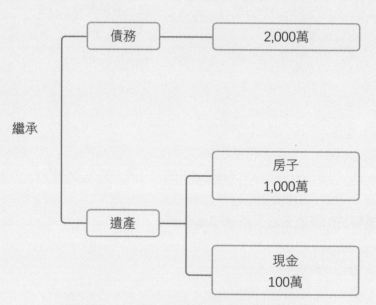

繼承

債務 —— 2,000萬

遺產 —— 房子 1,000萬

現金 100萬

限定繼承：只要在1,100萬元內負責清償債務
拋棄繼承：不繼承遺產、不繼承債務

參考法條

民法第1147條：「繼承，因被繼承人死亡而開始。」

民法第1148條：「繼承人自繼承開始時，除本法另有規定外，承受被繼承人財產上之一切權利、義務。但權利、義務專屬於被繼承人本身者，不在此限。繼承人對於被繼承人之債務，以因繼承所得遺產為限，負清償責任。」

民法第1163條：「繼承人中有下列各款情事之一者，不得主張第1148條第2項所定之利益：一、隱匿遺產情節重大。二、在遺產清冊為虛偽之記載情節重大。三、意圖詐害被繼承人之債權人之權利而為遺產之處分。」

民法第1174條：「繼承人得拋棄其繼承權。前項拋棄，應於知悉其得繼承之時起3個月內，以書面向法院為之。拋棄繼承後，應以書面通知因其拋棄而應為繼承之人。但不能通知者，不在此限。」

民法第1175條：「繼承之拋棄，溯及於繼承開始時發生效力。」

民法第1176條：「第1138條所定第一順序之繼承人中有拋棄繼承權者，其應繼分歸屬於其他同為繼承之人。第二順序至第四順序之繼承人中，有拋棄繼承權者，其應繼分歸屬於其他同一順序之繼承人。與配偶同為繼承之同一順序繼承人均拋棄繼承權，而無後順序之繼承人時，其應繼分歸屬於配偶。配偶拋棄繼承權者，其應繼分歸屬於與其同為繼承之人。第一順序之繼承人，其親等近者均拋棄繼承權時，由次親等之直系血親卑親屬繼承。先順序繼承人均拋棄其繼承權時，由次順序之繼承人繼承。其次順序繼承人有無不明或第四順序之繼承人均拋棄其繼承權者，準用關於無人承認繼承之規定。因他人拋棄繼承而應為繼承之人，為拋棄繼承時，應於知悉其得繼承之日起3個月內為之。」

如何訂立遺囑？遺囑的效力又如何？

1. 民法規定滿20歲為成年人，可以獨立為意思表示及受意思表示，但小明才18歲而已，目前帳戶內有5,000元現金以及1台上下學騎用的自行車，還有1個變形金剛的公仔，小明突發奇想而希望其身故時，他的公仔要給最好的朋友小黃，請問小明可不可以訂立遺囑？

2. 秀美投資不動產有成，名下不動產很多，怕身故後子女沒有辦法達成分割協議，想要用遺囑的方式，一一來分配，因為平常都用電腦製作文書，所以便用電腦打字訂立遺囑作成書面後用印，請問秀美所立之遺囑是否有效？

3. 小花名下有A、B2屋，因為大兒子當公務員比較不會賺錢，所以在前幾天訂立遺囑時寫要將較有價值的A屋店面要給大兒子，過幾天又想到小兒子現在念牙醫系，若將來把A屋店面分給小兒子，則方便小兒子開診所，所以後來又改立遺囑寫要將A屋店面給小兒子，請問前後2個遺囑矛盾，到底效力如何？

▍呂律師這樣說

遺囑是身後事的安排，法律上對於遺囑的內容並沒有明文限制，只要不違背強制規定或公序良俗者都可發生效力。過去大家對於遺囑非常忌諱，所以立遺囑並不常見，但近來民智大開，大家對於生死也比較坦然，再加上希望藉由遺囑延伸對於財產的控制，所以遺囑的訂立再次引起大家的關注。

誰可以訂立遺囑呢？法律規定16歲以上之人可以獨立訂立遺囑，縱使還未成年也無須經過法定代理人的允許，小明既已18歲依法自可有訂立遺囑的能力，因此可以依照他的意願，將變形金剛公仔的歸屬，依法載入遺囑裡面。

法律規定遺囑必須以法定的方式為之，不能隨意訂立，遺囑的方式有自書遺囑、公證遺囑、密封遺囑、代筆遺囑、口授遺囑。一般人比較常用自書遺囑、公證遺囑與代筆遺囑。

自書遺囑，立遺囑人應自書遺囑全文，記明年、月、日，並親自簽名；如有增減、塗改，應註明增減、塗改之處所及字數並另行簽名。實務上認為若不是親自書寫而用打字或只蓋章而不簽名，均不發生遺囑的效力，因此秀美的遺囑因為並非親自書寫且未簽名所以無效。

公證遺囑，應指定2人以上之見證人，在公證人前口述遺囑之意旨，由公證人筆記、宣讀、講解，經遺囑人認可後，記明年、月、日，由公證人見證人及遺囑人同行簽名；遺囑人不能簽名者，由公證人將其事由記明，使按指印代之。

代筆遺囑，由遺囑人指定3人以上之見證人，由遺囑人口述遺囑意旨，使見證人中之1人筆記、宣讀、講解，經遺囑人認可後，記明年、月、日及代筆人之姓名，由見證人全體及遺囑人同行簽名，遺囑人不能簽名者，應按指印代之。

公證遺囑及代筆遺囑的作成都必須有見證人，但未成年人、受監護或輔助宣告之人、繼承人及其配偶或其直系血親、受遺贈人及其配偶或其直系血親、為公證人或代行公證職務人之同居人助理人或受雇人，不能為遺囑見證人。

前後遺囑有相牴觸者，牴觸的部分，前遺囑視為撤回，亦即，後遺囑的效力優於前遺囑，因此，遺囑是可以朝令夕改的。小花的後遺囑既然記載要將A屋店面留給小兒子將來開牙醫診所，則前遺囑有關A屋店面給大兒子的安排，就不發生效力。

律師叮嚀：

一、若要辦理公證遺囑，應準備立遺囑人原始未分戶之戶籍謄本（請告訴戶政人員，為作成繼承系統表用之戶籍謄本）、國稅局發給之財產總歸戶證明書。此外，遺囑的公證必須由立遺囑人本人及其指定之見證人本人，攜帶國民身分證正本親自辦理，不得代理，但立遺囑人行動不便或臥病者，可請公證人至遺囑人的病榻前或指定處所辦理。

二、關於遺囑的內容，除了一般所知道財產的分配外，還可以指定未成年人的監護人、遺產的分割方法（例如土地的具體分割位置）、遺產分割的禁止（例如祖厝禁止分割）、遺囑執行人的指定等等。

參考法條

民法第1190條：「自書遺囑者，應自書遺囑全文，記明年、月、日，並親自簽名；如有增減、塗改，應註明增減、塗改之處所及字數，另行簽名。」

民法第1191條：「公證遺囑，應指定2人以上之見證人，在公證人前口述遺囑意旨，由公證人筆記、宣讀、講解，經遺囑人認可後，記明年、月、日，由公證人、見證人及遺囑人同行簽名：遺囑人不能簽名者，由公證人將其事由記明，使按指印代之。前項所定公證人之職務，在無公證人之地，得由法院書記官行之，僑民在中華民國領事駐在地為遺囑時，得由領事行之。」

民法第1192條：「密封遺囑，應於遺囑上簽名後，將其密封，於封縫處簽名，指定2人以上之見證人，向公證人提出，陳述其為自己之遺囑，如非本人自寫，並陳述繕寫人之姓名、住所，由公證人於封面記明該遺囑提出之年、月、日及遺囑人所為之陳述，與遺囑人及見證人同行簽名。前條第2項之規定，於前項情形準用之。」

民法第1194條：「代筆遺囑，由遺囑人指定3人以上之見證人，由遺囑人口述遺囑意旨，使見證人中之1人筆記、宣讀、講解，經遺囑人認可後，記明年、月、日及代筆人之姓名，由見證人全體及遺囑人同行簽名，遺囑人不能簽名者，應按指印代之。」

民法第1195條：「遺囑人因生命危急或其他特殊情形，不能依其他方式為遺囑者，得依左列方式之一為口授遺囑：一、由遺囑人指定2人以上之見證人，並口授遺囑意旨，由見證人中之1人，將該遺囑意旨，據實作成筆記，並記明年、月、日，與其他見證人同行簽名。二、由遺囑人指定2人以上之見證人，並口述遺囑意旨、遺囑人姓名及年、月、日，由見證人全體口述遺囑之為真正及見證人姓名，全部予以錄音，將錄音帶當場密封，並記明年、月、日，由見證人全體在封縫處同行簽名。」

民法第1220條：「前後遺囑有相牴觸者，其牴觸之部分，前遺囑視為撤回。」

13 遺產如何分配？

　　佑祥與春鳳的母親早逝，自幼即由其父明德撫養。明德不久前因心臟梗塞死亡，銀行的存款1,000萬元，過世1年前佑祥因為做生意，曾向明德簽下借條周轉300萬元尚未清償，而春鳳3年前結婚時，明德亦曾贈與春鳳200萬元當作嫁妝，另外，明德過世的喪葬費用100萬全都由春鳳支出。請問佑祥、春鳳若無法達成分割遺產協議時，如何分配才能符合法律的規定？

▋ 呂律師這樣說

　　遺產分配最傷感情，若能互相退讓還算功德圓滿，若是斤斤計較、東拉西扯，肯定要撕破臉。世間上沒有絕對的公平，若是能互退一步，不僅保有先人顏面而且兄弟姐妹還能親情長存，所以若能達成遺產分割協議，無論誰多誰少，法律都不干涉，但不能達成協議時，若繼承人有人向法院請求協議分割，那法院也就只能依法為之了。當然，若能依法律規定作為協議分割的基礎，也能儘快達成共識以免對簿公堂。

　　法律規定繼承人得隨時請求分割遺產，但法律另有規定或契約另有約定者不在此限。例如，遺囑有規定或繼承人有約定不可分割時，就沒辦法隨時請求分割，但遺囑禁止分割的效力以10年為限。除此之外，隨時

可以請求分割，但分割時要以下幾個原則：

一、關於遺產管理、分割及執行遺囑之費用，由遺產中支付，但因繼承
　　人之過失而支付者，不在此限。所謂遺產管理費用，如保管費、相
　　關納稅及訴訟費用、喪葬費用等。這些費用都要由遺產中支付，案
　　例中春鳳所支出的喪葬費用，就可以先從遺產中取回。

二、胎兒為繼承人時，非保留其應繼分，他繼承不得分割遺囑。例如，
　　遺產有100萬元現金，現有繼承人配偶及兩子，若此時配偶已懷孕3
　　個月，則應以繼承人4人為原則，將胎兒應繼分1/4即25萬元保留起
　　來，才可以分割遺產，否則分割無效。

三、繼承人中如對於被繼承人負有債務，於遺產分割時，應按債務數
　　額，由該他繼承人之應繼分內扣還。什麼意思呢？例如甲為父親而
　　死亡，遺產有現金200萬元，繼承人是甲的2個兒子，其中大兒子在
　　甲生前曾向甲借100萬來未還，則遺產共300萬元（200萬現金＋100
　　萬債權），依應繼分分配，兩人各得150萬元，但大兒子的部分應扣
　　除100萬元，所以大兒子只能取得50萬元，小兒子則分得150萬元。

四、繼承人中有在繼承開始前因結婚、分居、營業，已從被繼承人受有

財產之贈與者，應將該贈與價額加入繼承開始時，被繼承人所有之財產中為應繼財產，於遺產分割時，贈與價額則由該繼承人之應繼分中扣除。如將上例中大兒子的借貸改為營業的贈與，計算的方法相同。

本案例遺產有現金1,000萬元，先由春鳳取回喪葬費用100萬元，再把明德對佑祥先前債權300萬元、明德對春鳳的結婚贈與200萬元加進來，分配總額共1,400萬元，佑祥及春鳳的應繼分為1/2，故每人可分得700萬元，但佑祥部分應扣除先前債務300萬元、春鳳部分應扣除先前結婚贈與200萬元，所以佑祥實得400萬元，春鳳實得600萬元（包含取回喪葬費用100萬元的部分）。

律師叮嚀：

　　被繼承人之遺囑，定有分割遺囑之方法或託他人代定者，從其約定，因此分割的內容原則上不能違背遺囑的指定，但遺囑的指定不能違反法律特留分的規定，否則繼承人可以向受遺贈人主張扣減。依照民法的規定，繼承人之特留分依下列各項的規定：一、直系血親卑親屬之特留分，為其應繼分1/2。二、父母之特留分，為其應繼分1/2。三、配偶之特留分，為其應繼分1/2。四、兄弟姊妹之特留分，為其應繼分1/3。五、祖父母之特留分，為其應繼分1/3。因為被繼承人生前的財產處分並沒有特留分保障的約束，所以被繼承人可以盡量在生前將其財產移轉給繼承人或第三人，以免將來繼承人之間為了特留分的問題而興訟。

GO!

$$\underbrace{(\overset{\text{遺產}}{1{,}000萬} - \overset{\text{喪葬費}}{100萬} + \overset{\text{佑祥債權}}{300萬} + \overset{\text{春鳳結婚贈與}}{200萬})}_{\substack{2 \\ \text{佑祥和春鳳應繼分各1/2}}} = 700萬$$

佑祥應得部分	春鳳應得部分
700萬 - 300萬（生前債權） ――――― = 400萬	700萬 - 200萬 （結婚贈與） + 100萬 （喪葬費） ――――― = 600萬

參考法條

民法第1164條：「繼承人得隨時請求分割遺產。但法律另有規定或契約另有訂定者，不在此限。」

民法第1165條：「被繼承人之遺囑，定有分割遺產之方法，或託他人代定者，從其所定。遺囑禁止遺產之分割者，其禁止之效力以10年為限。」

民法第1172條：「繼承人中如對於被繼承人負有債務者，於遺產分割時，應按其債務數額，由該繼承人之應繼分內扣還。」

民法第1173條：「繼承人中有在繼承開始前因結婚、分居或營業，已從被繼承人受有財產之贈與者，應將該贈與價額加入繼承開始時被繼承人所有之財產中，為應繼遺產。但被繼承人於贈與時有反對之意思表示者，不在此限。前項贈與價額，應於遺產分割時，由該繼承人之應繼分中扣除。贈與價額，依贈與時之價值計算。」

14 遺產如何分割？

　　志明因為從小家貧，只有國小畢業，從小即至機械工廠當學徒，後來老闆退休後，便將機械工廠交由志明管理，志明感於老闆的賞識，遂日夜打拚，雖有改善家庭經濟，但卻老來病痛纏身。志明與春嬌於民國60年結婚，有子女小華、小康、小玲，嗣於110年8月間突然過世，遺有A屋一棟，志明、春嬌夫婦平常住在A屋，試問有下列情形時如何分割遺產：

一、若志明生前曾訂立有效書面遺囑，希望死後A屋能成為後代子孫聚會場所，不希望分配為某一繼承人全部所有，更不希望出賣給第三人，所以在遺囑裡載明永遠禁止分割A屋，請問遺囑內的這樣要求是否有效？

二、若志明未訂立遺囑，但死亡後，其所有繼承人為感念志明遺澤，遂做成協議，大家同意永遠禁止分割A屋，請問上開協議是否有效？

三、若志明未訂立遺囑，且繼承人也無法達成分割協議時，請問如何分割遺產？

四、若志明的繼承人並未有人拋棄繼承，且一致同意由春嬌單獨繼承A屋時是否可以？是否會有負擔贈與稅的可能性？

▌呂律師這樣說

一、關於遺產的分割，民法第1164條規定：「繼承人得隨時請求分割遺產，但法律另有規定或契約另有訂定者，不在此限。」，所謂法律另有規定，例如民法第1165條第2項規定：「遺囑禁止遺產之分割者，其禁止之效力以十年為限」，故志明所立遺囑中既載明禁止A屋永久分割，依上開民法規定，遺囑中禁止處分的效力僅有十年，亦即志明的繼承人得於十年之後請求分割。

二、上開民法第1164條中所稱：「契約另有訂定者」，即如本案例中志明的繼承人在志明死亡之後所訂立的協議書，但繼承財產性質上為公同共有，故民法關於共有相關規定的適用，依民法第823條規定：「各共有人，除法令另有規定外，得隨時請求分割共有物。但……契約訂有不分割期限者不在此限。前項約定不分割之期限，不得逾五年；逾五年者，縮短為五年」，因此，縱使協議書中共同約定永遠不分割A屋，但五年後志明的繼承人仍得請求分割。

三、若志明未訂立遺囑且繼承人間無法達成分割協議時，任一繼承人均得向法院提起分割遺產之訴，但必須就所有遺產一併提起，不得只就其中一部分的遺產請求分割。此外，因為遺產在性質上為公同共有，在未分割前必須要得到全部繼承人的同意始得處分非常不方

便，尤其以後子孫眾多之時更難處理，所以可以先請求將公司共有變更為分別共有，各別繼承人即可處分其應有部分(持分)。法院裁判時，依民法第824條規定，可以有下列方式：

（一）原物分配給各共有人(即本案例中之繼承人)。

（二）原物分配給部分共有人，其他共有人則金錢補償。

（三）變賣共有物，將價金分配於各共有人。

（四）原物一部分變賣，他部分分配於共有人。

（五）原物分配時，可因共有人之利益或其他必要情形，可就共有物之一部分仍維持共有。

四、依民法規定，春嬌、小華、小康、小玲均為繼承人，他們在志明死亡後可以協議遺產如何分割，當然可以合意由春嬌單獨取得A屋，且依財政部解釋，縱使每個繼承人所取得的遺產不平均，但在繼承人彼此之間並不算是贈與行為，不需要課徵贈與稅，因此小華、小康、小玲可以在不拋棄繼承的情況下，讓春嬌取得A屋的單獨所有權，且無課徵贈與稅的問題，不過，當然還是要繳納遺產稅。

律師叮嚀：

　　依照上開說明，若小華、小康、小玲要使春嬌單獨取得A屋，可以用遺產協議分割的方式而無須拋棄繼承，然協議分割與拋棄繼承有何不同呢？既然以協議分割的方式處分A屋，則表示小華、小康、小玲均為合法繼承人，則尚要繼承志明的債務，此外也負有繳納遺產稅的義務，這是決定是否拋棄繼承要考量的因素。此外，也因為小華、小康、小玲未拋棄繼承，所以可以主張遺產與贈與稅法第17條的扣除額，例如以110年為例，可以繼承人為直系血親卑親屬而主張每人得自遺產總額中扣除50萬元以降低遺產稅的負擔。

參考法條

民法第823條：「各共有人，除法令另有規定外，得隨時請求分割共有物。但因物之使用目的不能分割或契約訂有不分割之期限者，不在此限。前項約定不分割之期限，不得逾5年；逾5年者，縮短為5年。但共有之不動產，其契約訂有管理之約定時，約定不分割之期限，不得逾30年；逾30年者，縮短為30年。前項情形，如有重大事由，共有人仍得隨時請求分割。」

民法第824條：「共有物之分割，依共有人協議之方法行之。分割之方法不能協議決定，或於協議決定後因消滅時效完成經共有人拒絕履行者，法院得因任何共有人之請求，命為下列之分配：一、以原物分配於各共有人。但各共有人均受原物之分配顯有困難者，得將原物分配於部分共有人。二、原物分配顯有困難時，得變賣共有物，以價金分配於各共有人；或以原物之一部分分配於各共有人，他部分變賣，以價金分配於各共有人。以原物為分配時，如共有人中有未受分配，或不能按其應有部分受分配者，得以金錢補償之。以原物為分配時，因共有人之利益或其他必要情形，得就共有物之一部分仍維持共有。共有人相同之數不動產，除法令另有規定外，共有人得請求合併分割。共有人部分相同之相鄰數不動產，各該不動產均具應有部分之共有人，經各不動產應有部分過半數共有人之同意，得適用前項規定，請求合併分割。但法院認合併分割為不適當者，仍分別分割之。變賣共有物時，除買受人為共有人外，共有人有依相同條件優先承買之權，有二人以上願優先承買者，以抽籤定之。」

民法第1164條：「繼承人得隨時請求分割遺產。但法律另有規定或契約另有訂定者，不在此限。」

民法第1165條：「被繼承人之遺囑，定有分割遺產之方法，或託他人代定者，從其所定。遺囑禁止遺產之分割者，其禁止之效力以10年為限。」

遺產及贈與稅法第17條第1項：「下列各款，應自遺產總額中扣除，免徵遺產稅：一、被繼承人遺有配偶者，自遺產總額中扣除400萬元。二、繼承人為直系血親卑親屬者，每人得自遺產總額中扣除40萬元。其有未成年者，並得按其年齡距屆滿成年之年數，每年加扣40萬元。但親等近者拋棄繼承由次親等卑親屬繼承者，扣除之數額以拋棄繼承前原得扣除之數額為限。三、被繼承人遺有父母者，每人得自遺產總額中扣除100萬元。四、前三款所定之人如為身心障礙者權益保障法規定之重度以上身心障礙者，或精神衛生法規定之嚴重病人，每人得再加扣500萬元。五、被繼承人遺有受其扶養之兄弟姊妹、祖父母者，每人得自遺產總額中扣除40萬元；其兄弟姊妹中有未成年者，並得按其年齡距屆滿成年之年數，每年加扣40萬元。六、遺產中作農業使用之農業用

地及其地上農作物，由繼承人或受遺贈人承受者，扣除其土地及地上農作物價值之全數。承受人自承受之日起5年內，未將該土地繼續作農業使用且未在有關機關所令期限內恢復作農業使用，或雖在有關機關所令期限內已恢復作農業使用而再有未作農業使用情事者，應追繳應納稅賦。但如因該承受人死亡、該承受土地被徵收或依法變更為非農業用地者，不在此限。七、被繼承人死亡前六年至9年內，繼承之財產已納遺產稅者，按年遞減扣除百分之80、百分之60、百分之40及百分之20。八、被繼承人死亡前，依法應納之各項稅捐、罰鍰及罰金。九、被繼承人死亡前，未償之債務，具有確實之證明者。十、被繼承人之喪葬費用，以100萬元計算。十一、執行遺囑及管理遺產之直接必要費用。」

15 大陸配偶的繼承有特別的規定嗎？

　　元亨5年前經公司指派到位於上海的子公司，擔任經理的工作，當時莉貞是元亨的秘書，莉貞聰明能幹又非常體貼，兩人很快便墜入愛河，隨後在3年前結婚。2年前元亨因職務調動返回台北工作，但莉貞則在婚後跳槽到上海另一家外商公司上班。然天有不測風雲，元亨在前幾天因車禍身亡，兩人未有子女，元亨的父母都健在，目前定居在高雄，元亨遺有現金新臺幣200萬元，還有1棟座落於台北市價值新臺幣3,000萬元的A屋，請問莉貞如何繼承元亨的財產？若婚後元亨與莉貞即返台居住於A屋，莉貞繼承的權利會不會有所不同？

▌ 呂律師這樣說

　　兩岸人民同文同種，在日益交流後，結成連理成為趨勢，從而衍生的身分、財產問題越來越多，但兩岸畢竟與一般的國際關係不同，所以有台灣地區與大陸地區關係條例（下稱條例）做為處理的依據。

　　大陸地區人民對台灣地區人民遺產的繼承，首先大陸地區人民應於繼承開始起3年內以書面向被繼承人之住所地法院為繼承之表示，逾期視為拋棄繼承權。

關於大陸地區人民遺產繼承的權利，條例分成繼承人為非配偶與配偶兩種情形來規定。

前者，繼承遺產的財產總額，每人不得超過200萬元，超過部分，歸屬台灣地區同為繼承之人，遺產中若有以不動產為標的者，應將繼承權利折算為價額，但不動產為台灣地區繼承人賴以居住之不動產者，大陸地區繼承人不得繼承之，於定大陸地區繼承人應得部分時，其價額不計入遺產總額，申言之，也就是要將遺產全部化為金錢，非配偶的繼承人最多只能取得200萬元，若遺產中有供台灣地區繼承人居住的不動產，則要從遺產總額中扣除，這部分若所剩餘額大於大陸地區繼承人依法可取得之最高金額200萬元，其實與大陸地區繼承人權益無關，只有在遺產餘額小於大陸繼承人可取得之最高金額200萬元時，才會有影響。

後者，大陸地區人民為配偶時，則其所得繼承之遺產總額不受200萬元限制，且若經許可長期居留時，也可繼承遺產中之不動產，但若遺產中之不動產為台灣地區繼承人賴以居住時便不得繼承，且於定大陸地區配偶應得部分時，該不動產價額不計入遺產總額。

以本案例而論，莉貞都在大陸工作，並未在台灣長期居留，所以其不得繼承A屋，且元亨的父母並未居住在A屋而在高雄，故無須將A屋之價

額排除在遺產總額之外，應將A屋折算為價額3,000萬元，加上現金200萬元，遺產總額共3,200萬元，因為大陸地區配偶不受繼承總額200萬元之限制，所以依照與元亨的父母共同繼承之應繼分規定（配偶之應繼分為遺產1/2），所以莉貞的繼承權利為1,600萬元；若莉貞有依法在台灣長期居留時，則其可以與元亨的父母共同繼承A屋。

律師叮嚀：

一、 以上是針對莉貞尚未取得台灣地區身分證為前提，如果莉貞已經取得身分證，便是台灣地區人民，與台灣地區人民一樣，完全依照民法的規定辦理繼承，無須受條例相關規定的限制。

二、 大陸地區人民依條例規定向管轄法院表示繼承時，應檢具下列文件：（一）聲請書、（二）被繼承人死亡時之全戶戶籍謄本及繼承系統表、（三）符合繼承人身分之證明文件（身分證明文件，應經行政院設立或指定之機構或委託之民間團體驗證）。

三、大陸地區人民向法院表示繼承屬非訟事件，法院僅得為形式上
　　之審查，若看起來沒問題的話，就會下准許繼承表示的裁定，
　　但該裁定，並無實體上之確定力，利害關係人對於聲請人之繼
　　承權有爭執者，仍應依訴訟程序解決之。也就是元亨的父母若
　　對莉貞是否為元亨之配偶有疑義時，仍必須透過訴訟的方式確
　　認之。

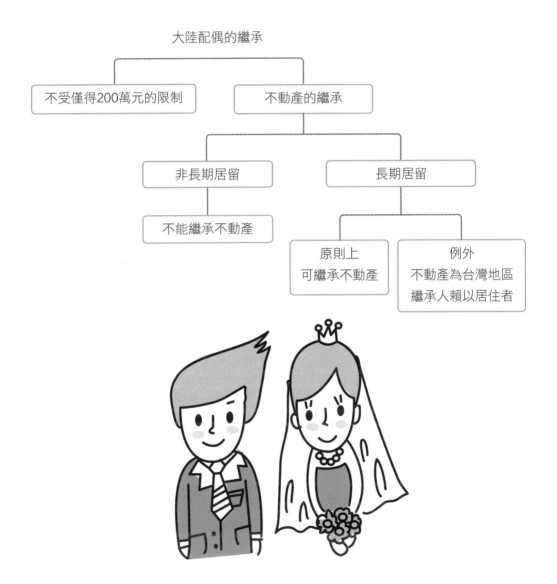

大陸配偶的繼承

不受僅得200萬元的限制

不動產的繼承

非長期居留

長期居留

不能繼承不動產

原則上
可繼承不動產

例外
不動產為台灣地區
繼承人賴以居住者

參考法條

台灣地區與大陸地區人民關係條例第66條：「大陸地區人民繼承台灣地區人民之遺產，應於繼承開始起3年內以書面向被繼承人住所地之法院為繼承之表示；逾期視為拋棄其繼承權。大陸地區人民繼承本條例施行前已由主管機關處理，且在台灣地區無繼承人之現役軍人或退除役官兵遺產者，前項繼承表示之期間為4年。繼承在本條例施行前開始者，前2項期間自本條例施行之日起算。」

台灣地區與大陸地區人民關係條例第67條：「被繼承人在台灣地區之遺產，由大陸地區人民依法繼承者，其所得財產總額，每人不得逾新臺幣200萬元。超過部分，歸屬台灣地區同為繼承之人；台灣地區無同為繼承之人者，歸屬台灣地區後順序之繼承人；台灣地區無繼承人者，歸屬國庫。前項遺產，在本條例施行前已依法歸屬國庫者，不適用本條例之規定。其依法令以保管款專戶暫為存儲者，仍依本條例之規定辦理。遺囑人以其在台灣地區之財產遺贈大陸地區人民、法人、團體或其他機構者，其總額不得逾新臺幣200萬元。第1項遺產中，有以不動產為標的者，應將大陸地區繼承人之繼承權利折算為價額。但其為台灣地區繼承人賴以居住之不動產者，大陸地區繼承人不得繼承之，於定大陸地區繼承人應得部分時，其價額不計入遺產總額。大陸地區人民為台灣地區人民配偶，其繼承在台灣地區之遺產或受遺贈者，依下列規定辦理：一、不適用第1項及第3項總額不得逾新臺幣200萬元之限制規定。二、其經許可長期居留者，得繼承以不動產為標的之遺產，不適用前項有關繼承權利應折算為價額之規定。但不動產為台灣地區繼承人賴以居住者，不得繼承之，於定大陸地區繼承人應得部分時，其價額不計入遺產總額。三、前款繼承之不動產，如為土地法第17條第1項各款所列土地，準用同條第2項但書規定辦理。」

都是金錢惹的禍？！
四、有關債權債務的生活法律問題

16 債務人欠我錢，卻要脫產，我要怎麼辦？

明慧某天晚上騎機車出門採買生活用品，不料在十字路口綠燈直行時，被宗華所駕駛的自小客車闖紅燈攔腰撞上，由於宗華車速過快導致明慧的機車嚴重毀損，連明慧也被撞飛而全身多處骨折，送醫後，經醫生診斷明慧需要休息3個月。事後，宗華與明慧家屬調解時，即揚言明慧家屬再逼的話，就要把自己唯一的房子處分掉，明慧根據宗華所留的地址，查到該地址所在的房屋確實為宗華所有，但發現大門及外牆都有託售的廣告，可見宗華確實有脫產的嫌疑，此時明慧要如何阻止宗華處分其名下的房屋呢？

▋ 呂律師這樣說

若被害人擔心將來請求賠償的時候，會因肇事者脫產而無法對其財產執行時，可於訴訟進行前先進行假扣押的程序（當然，在訴訟中也可以聲請假扣押），以免在官司確定之前債務人脫產而無法滿足債權。這裡所稱的「假」，是指暫時、預先的意思，只是禁止處分財產而已，還不及換價程序，也就是還不能拍賣分得價金。

案例中，明慧依法可以向宗華請求損害賠償，但為避免宗華脫產導

致訴訟確定後名下已無財產可供執行，明慧可以先向法院聲請假扣押，防止宗華的財產轉讓他人。如何聲請假扣押呢？首先必須是金錢請求或得易為金錢請求之請求（例如請求白米100公斤，若債務人不給付時，債權人可主張金錢之損害賠償），明慧損害賠償之請求是金錢請求，沒有問題，此外債權人要釋明假扣押之原因，即有日後不能強制執行或甚難執行之虞。此時，明慧就可以提出宗華要出賣其房屋的証明，例如將宗華要託售的廣告照相存證，法院若認為明慧的釋明，有所不足或雖有釋明而認為有必要時，都會要求債務人提供擔保。實務上，法院通常會要求債權人提供請求金額之1/3的擔保，例如，明慧想請求100萬元賠償，向法院聲請假扣押，法院通常會要求明慧提供約33萬元的擔保，才會裁定准許假扣押，然後明慧可以持法院裁定正本、身分證到任何一個稅捐機關查詢宗華名下的財產、所得資料，如果宗華名下有財產（如帳戶存款、房子、土地等），此時，明慧可提供擔保，並以假扣押裁定為執行名義向法院聲請，對宗華名下的財產在100萬元的限度內強制執行。

假扣押的聲請，是由本案的管轄法院或假扣押標的所在地之地方法院管轄。所謂本案管轄法院，是指債權人就雙方紛爭應向提起民事訴訟的管轄法院；所謂假扣押標的所在地之地方法院，則指債權人取得假扣押裁定後，欲行執行之債務人財產所在之地方法院，假扣押標的如係債權

或須經登記之財產權，以債務人住所或擔保之標的所在地或登記地，為假扣押標的所在地。

明慧在一定期間內起訴，若明慧不在法院規定的期間內起訴時，宗華便可以向命假扣押的法院聲請撤銷假扣押裁定。

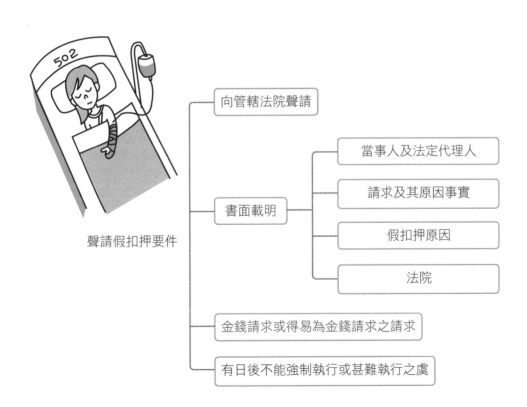

聲請假扣押要件

向管轄法院聲請

書面載明
- 當事人及法定代理人
- 請求及其原因事實
- 假扣押原因
- 法院

金錢請求或得易為金錢請求之請求

有日後不能強制執行或甚難執行之虞

參考法條

民事訴訟法第522條：「債權人就金錢請求或得易為金錢請求之請求，欲保全強制執行者，得聲請假扣押。前項聲請，就附條件或期限之請求，亦得為之。」

民事訴訟法第523條：「假扣押，非有日後不能強制執行或甚難執行之虞者，不得為之。應在外國為強制執行者，視為有日後甚難執行之虞。」

民事訴訟法第524條：「假扣押之聲請，由本案管轄法院或假扣押標的所在地之地方法院管轄。本案管轄法院，為訴訟已繫屬或應繫屬之第一審法院。但訴訟現繫屬於第二審者，得以第二審法院為本案管轄法院。假扣押之標的如係債權或須經登記之財產權，以債務人住所或擔保之標的所在地或登記地，為假扣押標的所在地。」

民事訴訟法第526條：「請求及假扣押之原因，應釋明之。前項釋明如有不足，而債權人陳明願供擔保或法院認為適當者，法院得定相當之擔保，命供擔保後為假扣押。請求及假扣押之原因雖經釋明，法院亦得命債權人供擔保後為假扣押。夫或妻基於剩餘財產差額分配請求權聲請假扣押者，前項法院所命供擔保之金額不得高於請求金額之1/10。」

強制執行法第7條：「強制執行由應執行之標的物所在地或應為執行行為地之法院管轄。應執行之標的物所在地或應為執行行為地不明者，由債務人之住、居所、公務所、事務所、營業所所在地之法院管轄。同一強制執行，數法院有管轄權者，債權人得向其中一法院聲請。受理強制執行事件之法院，須在他法院管轄區內為執行行為時，應囑託該他法院為之。」

17 受到法院寄來的支付命令，怎麼辦？

　　國明在大學任教，前幾個月收到一封自稱為大眾公司寄來的存證信函，內容稱國明向其借貸新臺幣100萬元並請其於文到7日內清償，國明自知從未向他人借款，遂不以為意，又過半個月，又收到臺灣臺北地方法院寄來的支付命令，上載國明為債務人、大眾公司為債權人，內容稱「債務人應向債權人清償新臺幣100萬元」，國明以為是詐騙集團的詐欺花樣，便不予理會，沒想到過一陣子學校便通知國明其薪資遭法院扣款1/3，國明向法院詢問後才知道所收到的支付命令為真實，請問國明此時應該怎麼辦？

▌呂律師這樣說

　　詐騙集團的詐騙手法日新月異，令人防不勝防！近日又聞詐騙集團趁被害人不懂法律而透過法院發支付命令的方式，以合法掩護非法達到詐欺的不法目的，什麼是支付命令呢？收到支付命令該怎麼辦呢？

　　一般而論，若債權人主張對債務人有金錢的請求，則可聲請法院向債務人發支付命令，這個程序法律上叫做「督促程序」。例如，本案中國明會收到如附件1所示的支付命令，國明對於支付命令的真假有疑義時，可以持該支付命令親自或打電話到法院詢問確認。債務人收到支付命令

後，對於支付命令之全部或一部分，得於送達後20日之不變期間內，不附理由向發命令之法院提出異議，例如本案中國明可以對所收到之支付命令，提出如附件2所示之民事異議狀，也就是收到支付命令的債務人只要向表示法院否認該債務即可，而不需要說明任何理由。

承上，債務人如果有在20日內提出異議時，支付命令便於異議範圍內失去效力，例如，國明若對支付命令的全部聲明異議，則支付命令便會全部失其效力，就失去效力的部分，法院就會以債權人支付命令的聲請，視為起訴或聲請調解，這樣一來，有關於大眾公司是否對國明有100萬元的借款債權就必須由法院審理或依法調解。反之，如果國明不予理會而未提出異議，則依民事訴訟法的規定，支付命令得為執行名義，法院會付與裁定確定證明書，大眾公司得以上述支付命令與裁定確定證明書向法院聲請對國民的財產強制執行所以國明對大學的薪資債權才會受到法院的查封。

這個時候，國明如何亡羊補牢呢？依照民事訴訟法的規定，國明可以向法院提起支付命令上所載債權不存在的確認之訴，法院此時可依國明的聲請，許可國明提供相當並確實的擔保而停止強制執行，此外，也要針對大眾公司法定代理人之詐欺犯行，向司法機關提出刑事告訴。

律師叮嚀：

一、 站在債權人的立場，其實支付命令的聲請是一種很有效的債權處理方式，因為債權人只要依法聲請，就其所主張之原因事實不用負舉證責任，法院也不需要訊問債務人，只要依債權人的陳述形式上認為有法律上的理由就會發支付命令，法院並不會就債權人的主張為實質的審查或要求債權人舉證。若債務人收到後未提出異議，則債權人則可以支付命令及確定證明書向法院聲請強制執行，而且聲請費用不管請求金額多少，目前法院只收500元裁判費，所以用聲請支付命令的方式解決問題，不僅省時也省錢，但債務人一旦有異議就視同起訴，還是要從頭來，不過先前繳納的裁判費仍然可以當作訴訟費用或調解程序費用的一部分。

二、 其實，不管收到什麼法院或檢察署的文件，都不能置之不理，如果對其文件的真正有懷疑時，應該馬上向該等機關求證，尤其許多法律文件都有時間上的要求，若遲誤期間都必須要承受法律上的不利益（例如，債務人於收到法院寄發的支付命令後，逾20日未提出異議時，債權人就可以向法院聲請強制執行。

另外，進行第一審民事訴訟時，敗訴之一方應於判決送達後20日之內提起上訴，否則，敗訴的部分原則上就會確定而不能再尋求上訴救濟），此外，像存證信函一類的東西也要小心，若看不懂，應該立即請教法律專業人士以免錯失回應的良機。不過，單純不回應，一般而言，法院不會因此便認為收信者默認寄信者在存證信函上的主張。

GO!

附件

臺灣台北地方法院支付命令

聲　請　人　大眾公司　　設台北市○○區○○路○○號○樓
即　債權人
法定代理人　○○○　　　住同上
相　對　人　○國明　　　設台北市○○區○○路○○號○樓
即　債務人

一、債務人應向債權人清償新臺幣壹佰萬元，並賠償督促程序費用新臺幣
　　500元，否則應於本命令送達後20日之不變期間內，向本院提出異議。

二、債權人請求之原因事實如附件所載。

三、如債務人未於第一項期間內提出異議，債權人得依法院核發之支付命令
　　及確定證明書聲請強制執行。

中華民國 ○○○ 年 ○○○ 月 ○○○ 日

民事庭司法事務官 ○○○ （蓋章）

民事異議狀

案號	年度字第　　　　　號	承辦股別	

訴訟標的金額或價額		新臺幣　　　　　　　　　　　　　　　元	
稱謂	姓名或名稱	依序填寫：國民身分證統一編號或營利事業統一編號、性別、出生年月日、職業、住居所、就業處所、公務所、事務所或營業所、郵遞區號、電話、傳真、電子郵件位址、指定送達代收人及其送達處所。	
聲請人 （即債務人）	○○○	國民身分證統一編號（或營利事業統一編號）： 性別：男／女　　生日：　　　　職業： 住： 郵遞區號：　　　　電話： 傳真： 電子郵件位址： 送達代收人： 送達處所：	
債權人	○○○	國民身分證統一編號（或營利事業統一編號）： 性別：男／女　　生日：　　　　職業： 住： 郵遞區號：　　　　電話： 傳真： 電子郵件位址： 送達代收人： 送達處所：	

124

對於支付命令提出異議事：

　　異議人於○○年○月○日收受貴院○○年度促字第○○○號支付命令之送達，命異議人於20日內清償債款。但由於該項債務尚有糾葛，為此依民事訴訟法第516條規定，對於該支付命令，向貴院提出異議。

此　致
○○○○○○法院　公鑒

證物名稱及件數	

中華民國　　　　年　　　月　　　日

具狀人　　　　　　　　　簽名蓋章

撰狀人　　　　　　　　　簽名蓋章

督促程序的流程

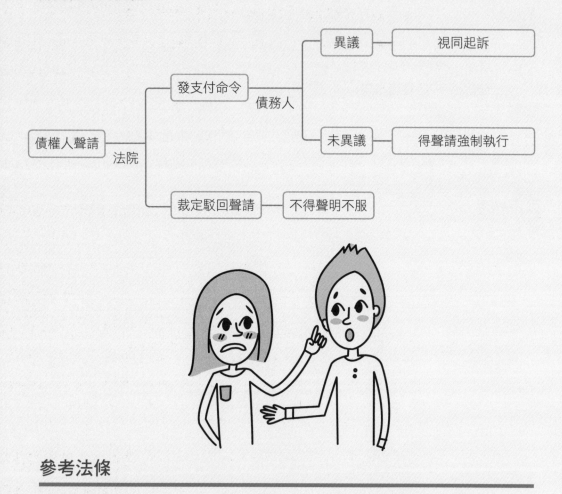

參考法條

民事訴訟法第496條：「有下列各款情形之一者，得以再審之訴對於確定終局判決聲明不服。但當事人已依上訴主張其事由或知其事由而不為主張者，不在此限：一、適用法規顯有錯誤者。二、判決理由與主文顯有矛盾者。三、判決法院之組織不合法者。四、依法律或裁判應迴避之法官參與裁判者。五、當事人於訴訟未經合法代理者。六、當事人知他造之住居所，指為所在不明

而與涉訟者。但他造已承認其訴訟程序者，不在此限。七、參與裁判之法官關於該訴訟違背職務犯刑事上之罪者，或關於該訴訟違背職務受懲戒處分，足以影響原判決者。八、當事人之代理人或他造或其代理人關於該訴訟有刑事上應罰之行為，影響於判決者。九、為判決基礎之證物係偽造或變造者。一〇、證人、鑑定人、通譯、當事人或法定代理人經具結後，就為判決基礎之證言、鑑定、通譯或有關事項為虛偽陳述者。一一、為判決基礎之民事、刑事、行政訴訟判決及其他裁判或行政處分，依其後之確定裁判或行政處分已變更者。一二、當事人發現就同一訴訟標的在前已有確定判決或和解、調解或得使用該判決或和解、調解者。一三、當事人發現未經斟酌之證物或得使用該證物者。但以如經斟酌可受較有利益之裁判者為限。前項第7款至第10款情形，以宣告有罪之判決或處罰鍰之裁定已確定，或因證據不足以外之理由，而不能為有罪之確定判決或罰鍰之確定裁定者為限，得提起再審之訴。第二審法院就該事件已為本案判決者，對於第一審法院之判決不得提起再審之訴。」

民事訴訟法第508條：「債權人之請求，以給付金錢或其他代替物或有價證券之一定數量為標的者，得聲請法院依督促程序發支付命令。支付命令之聲請與處理，得視電腦或其他科技設備發展狀況，使用其設備為之。其辦法，由司法院定之。」

民事訴訟法第514條：「支付命令，應記載下列各款事項：一、第510條第1項第1款至第3款及第5款所定事項。二、債務人應向債權人清償其請求並賠償程序費用，否則應於支付命令送達後20日之不變期間內，向發命令之法院提出異議。三、債務人未於不變期間內提出異議時，債權人得依法院核發之支付命令及確定證明書聲請強制執行。第510條第1項第3款所定事項之記載，得以聲請書狀作為附件代之。」

民事訴訟法第516條：「債務人對於支付命令之全部或一部，得於送達後20日之不變期間內，不附理由向發命令之法院提出異議。債務人得在調解成立或第一審言詞辯論終結前，撤回其異議。但應負擔調解程序費用或訴訟費用。」

民事訴訟法第519條：「債務人對於支付命令於法定期間合法提出異議者，支付命令於異議範圍內失其效力，以債權人支付命令之聲請，視為起訴或聲請調解。前項情形，督促程序費用，應作為訴訟費用或調解程序費用之一部。」

民事訴訟法第521條：「債務人對於支付命令未於法定期間合法提出異議者，支付命令得為執行名義。前項情形，為裁定之法院應付與裁定確定證明書。債務人主張支付命令上所載債權不存在而提起確認之訴者，法院依債務人聲請，得許其提供相當並確實之擔保，停止強制執行。」

18 別人開支票向我借錢，清償期屆至，人跑了、票跳了，怎麼辦？

　　志明與俊男是大學同學也是死黨，畢業以後每次同學會，志明都開賓士且穿得光鮮亮麗參加，宛如年輕多金的高富帥，俊男好生羨慕。但志明近來因經營不善再加上投資失利，日前開給廠商的支票即因存款不足而遭銀行退票，近日債主又上門討債，便向經營電子商務有成的俊男借款300萬元應急周轉，保證在一週後還款並開立發票日為7日後的支票為憑，俊男看志明表面上風風光光而不疑有他借款，但志明隨後即逃之夭夭不見人影，俊男7日後向銀行提示上述支票，銀行也以存款不足為由退票，請問俊男可以向志明主張什麼權利？

▎呂律師這樣說

　　志明向俊男借款300萬元並約定7日後返還，性質上是民法所規定之借貸法律關係，志明依法於約定清償日以後可以向俊男請求清償。此外志明為了擔保借款又開立支票交付俊男，因此在兩者間，除了上述借貸法律關係外，還有票據的法律關係，志明應依照支票所載發票日、金額擔保支票之支付，也就是志明應在票載發票日或之前將款項存入支票戶頭，但志明交付之支票卻因存款不足而退票，此時，俊男還可以依據票據法律關係向志明請求給付票款。

俊男基於上述兩種法律關係可以向法院起訴請求志明返還借款、票款，此外俊男也可以考量向法院聲請對志明發支付命令，若志明於支付命令送達後20日內未向法院提出異議時，俊男便得以該支付命令及確定證明書向法院就志明的財產聲請強制執行，志明可以不用再打官司，但志明在收到支付命令之後若向法院提出異議，則俊男支付命令之聲請，即視為起訴或聲請調解而不能直接向法院聲請強制執行。

　　若俊男怕官司打完，志明的財產也脫產光了，俊男可以提供擔保而依法向法院聲請假扣押，禁止志明處分他的財產，例如志明對於他名下的不動產即不能夠出賣或贈與，或志明的約1/3的薪資會被凍結而無法領取。

　　依案例所示，志明在開立支票予俊男之前，他所開立之支票即已經因存款不足而退票，也就是志明在向俊男借款並開立支票之時，根本就知道沒有能力返還借款，再加上他又逃匿無蹤，故可推論志明在借款時即已打定主意賴賬不還，所以志明的行為構成刑法上的詐欺取財罪，最高可處5年有期徒刑，俊男可以志明涉嫌詐欺為由提出刑事告訴，志明既已逃亡或藏匿將會遭通緝，志明將來到案後為了減輕刑責，應該會想辦法盡量清償對俊男的債務。

律師叮嚀：

一、借款給他人時，若他人提出支票的擔保，可先上票據交換所網站查詢發票人是否有拒絕往來的紀錄，或者請發票人以他自己的名義，向票據交換所聲請票據信用資料查覆單來了解他的票據信用。但俊男卻被志明光鮮亮麗的表象所迷惑而疏忽正常的查詢程序，若志明已無任何財產，俊男將求償無門了！

二、借款的擔保，除了案例所示的支票外，還可以請借款人提供不動產設定抵押，或者請借款人提供有相當資力之人為借款的連帶保證人，也可以請借款人開立本票，本票跳票時，依照票據法的規定，可向法院取得本票裁定後，直接對債務人的財產進行強制執行，但本件的支票就沒有上述本票的效力。

三、案例中志明既然已找不到人，恐怕也沒有財產可供強制執行，就算俊男提出民事訴訟，志明也可以不出面，為了使志明出面解決債務問題，既然有構成刑事詐欺取財罪的相

關證據，俊男可以考量提出刑事告訴，一方面可以強制志明到案，另一方面，志明為了減輕罪責，也會主動提出相當金錢取得俊男的諒解。不過俊男基於多年的同學關係，要對志明提出刑事告訴，恐怕要一番天人交戰吧！

借款擔保的主要方式

- 開立支票、本票
- 不動產設定
- 找連帶保證人

參考法條

民法第474條：「稱消費借貸者，謂當事人一方移轉金錢或其他代替物之所有權於他方，而約定他方以種類、品質、數量相同之物返還之契約。當事人之一方對他方負金錢或其他代替物之給付義務而約定以之作為消費借貸之標的者，亦成立消費借貸。」

民法第478條：「借用人應於約定期限內，返還與借用物種類、品質、數量相同之物，未定返還期限者，借用人得隨時返還，貸與人亦得定1個月以上之相當期限，催告返還。」

民事訴訟法第522條：「債權人就金錢請求或得易為金錢請求之請求，欲保全強制執行者，得聲請假扣押。前項聲請，就附條件或期限之請求，亦得為之。」

民事訴訟法第508條第1項：「債權人之請求，以給付金錢或其他代替物或有價證券之一定數量為標的者，得聲請法院依督促程序發支付命令。」

刑法第339條：「意圖為自己或第三人不法之所有，以詐術使人將本人或第三人之物交付者，處5年以下有期徒刑、拘役或科或併科50萬元以下罰金。以前項方法得財產上不法之利益或使第三人得之者，亦同。前2項之未遂犯罰之。」

民事訴訟法第516條第1項：「債務人對於支付命令之全部或一部，得於送達後20日之不變期間內，不附理由向發命令之法院提出異議。」

民事訴訟法第519條：「債務人對於支付命令於法定期間合法提出異議者，支付命令於異議範圍內失其效力，以債權人支付命令之聲請，視為起訴或聲請調解。前項情形，督促程序費用，應作為訴訟費用或調解程序費用之一部。」

民事訴訟法第521條：「債務人對於支付命令未於法定期間合法提出異議者，支付命令得為執行名義。前項情形，為裁定之法院應付與裁定確定證明書。債務人主張支付命令上所載債權不存在而提起確認之訴者，法院依債務人聲請，得許其提供相當並確實之擔保，停止強制執行。」

強制執行法第4條第1項第2款：「強制執行，依左列執行名義為之：二、假扣押、假處分、假執行之裁判及其他依民事訴訟法得為強制執行之裁判。」

刑事訴訟法第87條：「通緝經通知或公告後，檢察官、司法警察官得拘提被告或逕行逮捕之。利害關係人，得逕行逮捕通緝之被告，送交檢察官、司法警察官，或請求檢察官、司法警察官逮捕之。通緝於其原因消滅或已顯無必要時，應即撤銷。撤銷通緝之通知或公告，準用前條之規定。」

刑事訴訟法第232條：「犯罪之被害人，得為告訴。」

19 別人欠我錢超過15年，還可以請求清償嗎？

　　國義在民國70、80年代台灣經濟快速成長的期間，經營電子業有成，累積不少財富，為人樂善好施，常常有同業向其週轉資金。在民國85年1月1日，國義借給智豪2,000萬元，智豪當時並以其在陽明山的別墅抵押借款，雙方約好智豪應於民國86年1月1日清償，嗣後國義事業一忙就忘記借款一事，不料，國義於金融風暴後事業即一蹶不振，到民國103年初才想到曾經借錢給智豪的事情，請問時間過這麼久，國義還可以向智豪請求返還借款嗎？

▎呂律師這樣說

　　學法律的人都知道，法律不保護權利在睡覺的人，也就是說，法律對於權利的保障不是永遠的，也有所謂的「保存期限」，這個「保存期限」，法律上叫做消滅時效，一般而言，權利的請求權，因15年間不行使而消滅，消滅後，債權人請求時，債務人有拒絕給付的權利，本案中國義請求智豪返還借款的請求權時效就是15年。但是，法律就其他請求權有特別規定時則不在此限，例如：

　　一、利息、紅利、租金、贍養費、退職金及其他1年或不及1年的定期給付債權，其各期給付的請求權，因5年間不行使而消滅。如某月租金

債權5萬元，經過5年之後，承租人可以拒絕給付該月租金，但其他月份租金債權未滿5年者，出租人仍可請求。

二、飯店住宿費、運送費、律師、會計師、技師及承攬人報酬等，請求權因兩年間不行使而消滅。

三、商人、製造人、手工業人所供給之商品及產品之代價所產生之請求權，因2年間不行使而消滅。例如，電器銷售商對於買受電視機客戶的價金請求權。

四、因侵權行為（例如：車禍、傷害、侵害名譽權等）所生之損害賠償請求權，自請求權人知有損害及賠償義務人時起，2年間不行使而消滅。

上述的消滅時效，自請求權可行使開始起算，以本案為例，依國義與智豪的約定，國義自民國86年1月1日可以向智豪請求返還借款，所以消滅時效就從民國86年1月1日起算，到民國100年12月31日為15年，所以單純從借款請求權的消滅時效來看，時效已完成，智豪可以拒絕國義返還借款的請求。但是，當初國義借款時還就智豪在陽明山的別墅設定抵押權，民法規定，以抵押權擔保之債權，其請求權已因時效而消滅，

如抵押權人，於消滅時效完成後，5年間不實行其抵押權者，其抵押權消滅，亦即，在本案借款債權之請求權時效完成後5年內，國義還可以對上述陽明山的別墅向法院聲請實行抵押權以獲償。

律師叮嚀：

一、消滅時效期間進行中，若有特別事由發生，會使已進行的期間歸於無效，並自事由中止時重新起算，依民法的規定，中斷的事由有請求、承認、起訴，及與起訴有同一效力之事項。

二、所謂請求，指債權人向債務人要求實現權利內容的意思通知，為避免爭議，通常會以郵局存證信函的方式為之，但若於請求後6個月內不起訴，則時效不中斷。

三、所謂承認，指債務人向權利人表示認識權利存在的意思，例如在時效進行當中，債務人書寫債務確認書、請求緩期清償，清償部分債務等，即發生中斷時效的法律效果，時效重新起算，如智豪曾經在民國100年間曾經以書面請求國義緩期清償時，則重新計算15年的時效期間。

四、所謂起訴，指債權人向債務人提起民事訴訟之行為，嗣後若債權人撤回起訴，或因不合法而受駁回之裁判，其裁判確定，視

為不中斷，若無上述情形，則自受確定判決，或因其他方式終結訴訟時，重新起算。

五、所謂與起訴有同一效力之事項，有（一）依督促程序，聲請發支付命令。（二）聲請調解或提付仲裁。（三）申報和解債權或破產債權。（四）告知訴訟。（五）開始執行行為或聲請強制執行。

請求權內容	消滅時效
一般權利的請求權。	15年
利息、紅利、租金、贍養費、退職金及其他1年或不及1年的定期給付債權，其各期給付的請求權。	5年
飯店住宿費、運送費、律師、會計師、技師及承攬人報酬等。	2年
商人、製造人、手工業人所供給之商品及產品之代價所產生之請求權。	2年
因侵權行為（例如：車禍、傷害、侵害名譽權等）所生之損害賠償請求權。	2年

參考法條

民法第125條：「請求權，因15年間不行使而消滅。但法律所定期間較短者，依其規定。」

民法第126條：「利息、紅利、租金、贍養費、退職金及其他1年或不及1年之定期給付債權，其各期給付請求權，因5年間不行使而消滅。」

民法第127條：「左列各款請求權，因2年間不行使而消滅：一、旅店、飲食店及娛樂場之住宿費、飲食費、座費、消費物之代價及其墊款。二、運送費及運送人所墊之款。三、以租賃動產為營業者之租價。四、醫生、藥師、看護生之診費、藥費、報酬及其墊款。五、律師、會計師、公證人之報酬及其墊款。六、律師、會計師、公證人所收當事人物件之交還。七、技師、承攬人之報酬及其墊款。八、商人、製造人、手工業人所供給之商品及產物之代價。」

民法第128條：「消滅時效，自請求權可行使時起算。以不行為為目的之請求權，自為行為時起算。」

民法第129條：「消滅時效，因左列事由而中斷：一、請求。二、承認。三、起訴。左列事項，與起訴有同一效力：一、依督促程序，聲請發支付命令。二、聲請調解或提付仲裁。三、申報和解債權或破產債權。四、告知訴訟。五、開始執行行為或聲請強制執行。」

民法第130條：「時效因請求而中斷者，若於請求後6個月內不起訴，視為不中斷。」

民法第137條：「時效中斷者，自中斷之事由終止時，重行起算。因起訴而中斷之時效，自受確定判決，或因其他方法訴訟終結時，重行起算。經確定判決或其他與確定判決有同一效力之執行名義所確定之請求權，其原有消滅時效期間不滿5年者，因中斷而重行起算之時效期間為5年。」

民法第880條：「以抵押權擔保之債權，其請求權已因時效而消滅，如抵押權人，於消滅時效完成後，5年間不實行其抵押權者，其抵押權消滅。」

20 我當別人的連帶保證人，要負什麼法律責任？

小龍在多年前，為了買車貸款曾請小虎當他的車貸保證人，1年前小虎做生意要資金週轉，小龍因手頭沒有多餘資金而無法出借，小虎轉而向大雄借錢，大雄卻要求小虎找人保證。小龍在小虎的央求下，遂在小虎向大雄借貸新臺幣1,000萬元、利息年利率10%、還款期限為民國103年6月30日的借貸契約書上簽名，同意為上述債務的連帶保證人，但還款期限屆至時，小虎並未依約返還借款，請問大雄可以向小龍請求清償嗎？如果當初小龍只是「保證人」而不是「連帶保證人」，法律效果有何不同？

▌呂律師這樣說

小龍的困境令人同情，想必很多人心有戚戚焉，不當保證人對不起朋友、當保證人又對不起自己，更何況小龍當初還曾請小虎當過車貸保證人！但是，小龍若曉得當連帶保證人會有非常嚴厲的法律效果，恐怕也會三思而後行。

所謂保證，是當事人約定，一方於他方之債務人不履行債務時，由其代負擔責任的契約。案例中，小龍簽名同意當小虎借貸金錢的保證人，就發生民法上保證的法律效果，除契約另有約定外，保證的範圍，

包含主債務之利息、違約金、損害賠償及其他從屬於主債務的負擔，案例中，小龍保證的範圍，除了1,000萬的債務外，還包含年利率10%的利息。

　　若為一般的保證，保證人得主張於債權人未就主債務人之財產強制執行而無效果前，對於債權人得拒絕清償，這就是所謂的「先訴抗辯權」。案例中小龍若非「連帶」保證，則當大雄向小龍請求履行保證責任時，小龍可以對大雄主張在大雄對小虎財產強制執行而未能滿足債權前，拒絕清償，因為借錢的人畢竟是小虎。然而，若小龍自己願意拋棄先訴抗辯權、小虎已受破產宣告或大雄可以證明小虎的財產已不足清償借款債務時，小龍便不能再主張先訴抗辯權。

　　一般保證與案例中的連帶保證有何不同呢？後者乃保證人與主債務人連帶負債務履行責任的保證，也就是連帶保證人所負的責任與主債務人相同，如果是這樣的話，大雄在小虎屆期未清償情況下，可以選擇向小龍或小虎請求全部或一部分債務的清償，既然如此，當大雄選擇向小龍請求返還所有借款時，小龍當然就無法提出先訴抗辯權。

　　假設小龍迫於法律與現實的考量而幫小虎清償債務，小龍畢竟不是債務人，所以民法規定，保證人向債務人為清償後，於其清償之限度內，

承受債權人對於主債務之債權，所以，小龍可以在其為小虎清償債務的限度內，承受大雄的債權向小虎求償，此外，小龍也可以基於其與小虎的委任關係向小虎求償。易言之，小龍可以基於兩種法律關係向小虎求償，但要注意，小龍不可以向小虎請求雙重償還哦！

律師叮嚀：

一、法律上，要負擔連帶保證責任很容易，只要在載明連帶保證的契約書上簽名或向債權人明示願意負擔連帶保證責任即可，但真正迫不得已要清償時很痛苦，往往會超過自己能夠承擔的能力。案例中，小龍面對小虎的請求，要嘛狠心喊窮拒絕，要嘛應該限定在自己能承受的範圍內幫忙，例如，小龍可以提出維持自己正常生活以外的金錢借給小虎，就算將來小虎不還，小龍也不至於經濟生活崩潰，或者提出一定限度的擔保，如提供一筆不動產為小虎設定抵押權。這樣，小龍可以設定停損點，且多少還可以與小虎保持友誼，也不會因此而葬送自己的未來。

二、若大雄當初要小虎提供的擔保，除了找連帶保證人外，還就第三人小華的一筆不動產設定抵押，嗣後大雄若因與小華的交情

而拋棄抵押權時，則小龍可以主張在大雄拋棄抵押權的限度內，免除其保證責任。

三、小虎所有對大雄在法律上的抗辯，不管小虎有無主張，小龍都可以對大雄主張；若小虎有對大雄之屆期金錢債權，小龍也可以主張跟大雄對小虎的借款債權抵銷。

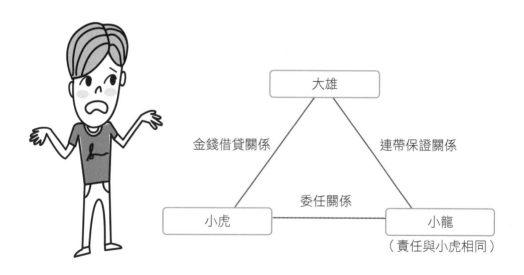

參考法條

民法第739條：「稱保證者，謂當事人約定，一方於他方之債務人不履行債務時，由其代負履行責任之契約。」

民法第740條：「保證債務，除契約另有訂定外，包含主債務之利息、違約金、損害賠償及其他從屬於主債務之負擔。」

民法第742條：「主債務人所有之抗辯，保證人得主張之。主債務人拋棄其抗辯者，保證人仍得主張之。」

民法第742-1條：「保證人得以主債務人對於債權人之債權，主張抵銷。」

民法第745條：「保證人於債權人未就主債務人之財產強制執行而無效果前，對於債權人得拒絕清償。」

民法第746條：「有下列各款情形之一者，保證人不得主張前條之權利：一、保證人拋棄前條之權利。二、主債務人受破產宣告。三、主債務人之財產不足清償其債務。」

民法第749條：「保證人向債權人為清償後，於其清償之限度內，承受債權人對於主債務人之債權。但不得有害於債權人之利益。」

民法第751條：「債權人拋棄為其債權擔保之物權者，保證人就債權人所拋棄權利之限度內，免其責任。」

21 如何向票據發票人、背書人主張權利？

　　為民開一家營造公司，常常需要發包給下游包商一起完成工程。在民國103年7月1日包商達民拿一張發票人為日新公司、發票日為民國103年12月31日、發票金額為1,000萬元的支票來向為民借錢，並稱該支票乃因承攬工程所取得的票據，因該票票期太久，但現在就有資金需求，遂持該支票並在背面背書向為民借1,000萬元，允諾在民國103年12月31日清償借款。為民基於過去合作的情份，遂借錢給達民，但後來為民於支票發票日提示時，銀行以存款不足退票，請問為民如何主張權利？

▌呂律師這樣說

　　現代社會金錢往來，除現實的金錢交付、匯款外，票據的使用也非常頻繁。案例中，達民為了增加其借款的信用，便持由日新公司開立的支票，再背書後交付給為民，以充作借款的擔保。

　　首先，達民向為民借錢，所以為民可依據金錢借貸的法律關係向達民請求返還借款，應毋庸置疑。此外，達民在支票背面背書，必須要按照支票文義擔保付款，為民既然已在發票日依法向銀行提示（支票只有發票日，沒有到期日，支票發票人、背書人應擔保持票人在發票日可以取

得票載金額），為民依法可以向達民行使追索權，請求票面金額及約定利率，如無約定利率者，依年利率6%計算，但為民要特別注意，對於達民的追索權，4個月間不行使會因時效而消滅，此時，為民還是可以基於上述金錢借貸的法律關係向達民請求，因為原則上金錢借貸的返還請求權消滅時效為15年。

為民所持有的支票乃日新公司所開立，日新公司是這張支票的發票人，依法也要承擔票據責任。票據法規定，若為民是以惡意或有重大過失而取得票據時，不得享有票據上的權利，但是，為民是基於金錢借貸關係而取得這張支票，依案例所示，並無不得享有票據上權利的情形，縱使日新公司與達民間有其他的糾紛，為民還是可以向日新公司請求支付票款，這樣的制度，才會使人樂於接受支票，不會因為前手與發票人間的糾紛而影響到持票人的權益。

綜上所述，為民可以基於金錢借貸、票據關係向達民請求支付1,000萬元；另外，為民也可以基於票據關係向日新公司請求支付1,000萬元。當然，為民基於上述的法律關係，加上利息也只能取得1,000萬元的清償，不可能因為有複數的法律關係，就可以請求2個1,000萬元。

為民雖然有上述的權利，但具體而言應該如何主張他的權利呢？首

先，為民可以考慮是否向法院聲請對日新公司及達民發支付命令，只要日新公司、達民在收受支付命令送達後20天內未向法院提出異議時（所謂異議就是不認同為民全部或一部分的主張），為民就可以不需經過冗長的訴訟程序，便可以支付命令為執行名義直接聲請對日新公司、達民的財產強制執行，若日新公司或達民提出異議時，則為民支付命令的聲請可視為起訴或聲請調解，再依訴訟或調解程序確認為民的權利。或者，為民也可以直接提起訴訟而不經過聲請支付命令的程序。

律師叮嚀：

　　若為民怕日新公司或達民脫產的話，可以考慮向法院聲請對他們的財產進行假扣押。程序上，為民應該先向法院聲請假扣押裁定，法院通常會要求為民提供相當於請求金額1/3作為擔保，這項擔保原則上要在判決勝訴確定、債務人同意等情況下才可以取回，打官司曠日費時、債務人基於敵對立場，除非雙方和解，否則也不太同意債權人取回，因此，擔保金短時間內不太容易取回，這是為民要進行假扣押時必須要考慮到的成本。若不知道日新公司或達民名下有什麼財產，為民可持假扣押裁定向稅捐機關聲請財產清冊，確認有財產之後，再提供擔保聲請強制執行。

GO!

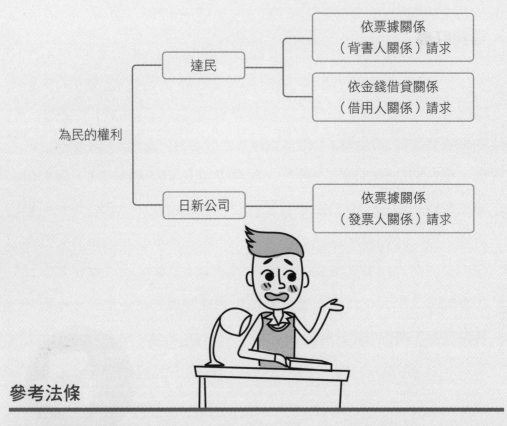

參考法條

票據法第13條：「票據債務人不得以自己與發票人或執票人之前手間所存抗辯之事由對抗執票人。但執票人取得票據出於惡意者，不在此限。」

票據法第126條：「發票人應照支票文義擔保支票之支付。」

票據法第132條：「執票人不於第130條所定期限內為付款之提示，或不於拒絕付款日或其後5日內請求作成拒絕證書者，對於發票人以外之前手，喪失追索權。」

票據法第133條：「執票人向支票債務人行使追索權時，得請求自為付款提示日起之利息，如無約定利率者，依年利6%計算。」

22 買到的房屋，出賣人又在網路上託售，怎麼辦？

　　國民在上個月透過大慶仲介公司向美華買受一間位於台北市中山區的套房，總價新臺幣1,000萬元。國民已交付訂金50萬元，但嗣後美華卻藉故不出面用印，國民心有疑慮，便想親自到該套房找美華談談，但至該大樓門廳，卻發現牆壁上貼有信誼仲介公司，受託以1,500萬元總價銷售美華套房的海報。國民打電話到信誼仲介公司後才知道美華在3天前委託銷售，經上網後也發現美華在各家仲介公司都有委託銷售，顯見美華想要違約另行高價出售，請問國民可以用假處分保障他的權益嗎？

▌呂律師這樣說

　　美華與國民簽訂房屋買賣契約，本來就要履行出賣義務，美華若未履行契約，國民可以依約起訴請求移轉套房所有權，但如果國民未向法院聲請假處分，則美華可能在訴訟期間就轉賣套房並且移轉所有權，到那時候，國民也只能請求損害賠償而無法取得該套房的所有權。什麼是假處分呢？要如何聲請呢？

　　所謂假處分，依照法律上的定義，是指金錢請求以外之請求，欲保全強制執行者，得向法院聲請的一種保全程序。什麼是「金錢請求以外

之請求？」若向債務人請求金錢，如請求金錢損害賠償、買賣價金、貨款、報酬、借貸本金等都是金錢請求，除此以外都是金錢請求以外之請求，如請求移轉房屋所有權、請求交付貨物、請求交付子女等，如果保全的對象是違約不移轉房屋所有權所產生的損害賠償金錢債權，則仍屬於金錢請求而不是假處分所要保全的請求。

除此之外，還要具備「請求標的之現狀變更，有日後不能強制執行或甚難強制執行之虞者」的要件，什麼意思呢？是指請求標的之物（例如本案中之套房）其從前存在的狀態已有變更或將有變更，像本案中美華將套房再度委託出售。此時，國民要保全套房以防止美華移轉所有權給第三人，就可以向法院聲請假處分禁止美華不得處分該套房，假處分裁定送達地政事務所後，縱使美華向地政事務所申請過戶，地政事務所也不會受理，這樣就可以保全國民取得套房的權利。

國民首先要向由管轄權的法院提出聲請，本件原則上應該向台灣台北地方法院提出假處分的書面聲請（聲請狀格式參附件），國民要在書狀中提出信誼仲介公司張貼的廣告及自網路上下載各家仲介公司網上託售的網頁，以向法院釋明「因請求標的之現狀變更，有日後不能強制執行或甚難執行之虞」，這樣法院才有可能裁定許可假處分。

律師叮嚀：

一、法院為假處分裁定時，因雙方的爭執尚未經法院裁判確定，為擔保債務人將來求償的權利，都會要求債權人供擔保。實務上，假扣押通常會要求債權人提供請求金額的1/3作為擔保，但假處分要求的擔保金額通常就是標的物的價額，例如本件法院原則上會要求國民提出1,000萬元的擔保，因為不是金錢請求，所以法院一般不會允許債務人提供反擔保以撤銷假處分。

二、債務人美華收到假處分裁定後，依法可以向法院聲請，命債權人國民於一定期間內對其起訴，國民必須要在法院所規定的期間內以美華為被告，起訴依買賣契約的法律關係請求移轉套房的所有權，如果國民未在期間內起訴時，美華可以向命假處分的法院聲請撤銷假處分裁定。

GO!

民事聲請假處分狀

案號	年度字第 號	承辦股別	

訴訟標的金額或價額		新臺幣 元	
稱謂	姓名或名稱	依序填寫：國民身分證統一編號或營利事業統一編號、性別、出生年月日、職業、住居所、就業處所、公務所、事務所或營業所、郵遞區號、電話、傳真、電子郵件位址、指定送達代收人及其送達處所。	
聲請人（即債務人）	○○○	國民身分證統一編號（或營利事業統一編號）： 性別：男／女　　生日：　　　　職業： 住： 郵遞區號：　　　　電話： 傳真： 電子郵件位址： 送達代收人： 送達處所：	
債權人	○○○	國民身分證統一編號（或營利事業統一編號）： 性別：男／女　　生日：　　　　職業： 住： 郵遞區號：　　　　電話： 傳真： 電子郵件位址： 送達代收人： 送達處所：	

為聲請假處分事：

一、請求事項

（一）債務人就其所有坐落於……之不動產，除設定抵押權移轉所有權與聲請人外，不得為讓與、設定抵押及其他一切處分行為。

（二）聲請費用由債務人負擔。

二、假處分之原因

債務人於民國〇〇年〇月〇日，將其所有前述不動產，出賣與聲請人，價款新臺幣〇〇〇元，業經如數付清，並約定於〇〇年〇月〇日前辦理所有權移轉登記完畢。未料債務人不但未依約履行所有權移轉登記義務，且打算另行出售或設定他項權利與第三人。為此聲請人依據所有權移轉登記請求權，擬提起已提起民事訴訟，請求債務人就上述不動產為移轉登記（已提起本案訴訟者請載明案號）。因債務人有將該不動產的所有權移轉（或為其他處分行為）情形，致請求標的現狀變更，日後有不能強制執行或甚難執行之虞。

為保全強制執行，聲請人提出……以釋明上述事實，如認釋明仍有所不足，並願提供擔保，依據民事訴訟法第532條規定，聲請貴院裁定如請求事項所示。

此　致
〇〇〇〇〇〇法院　公鑒

證物名稱及件數	

中華民國　　　　年　　　月　　　日

具狀人　　　　　　　　簽名蓋章

撰狀人　　　　　　　　簽名蓋章

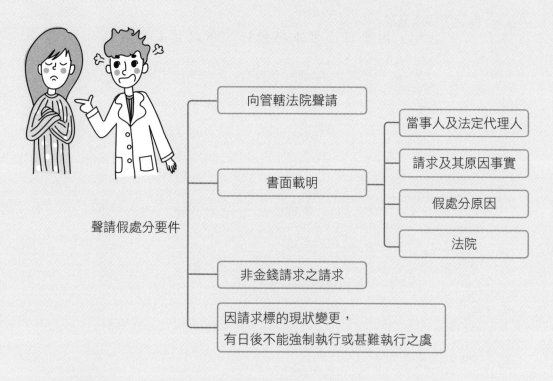

聲請假處分要件
- 向管轄法院聲請
- 書面載明
  - 當事人及法定代理人
  - 請求及其原因事實
  - 假處分原因
  - 法院
- 非金錢請求之請求
- 因請求標的現狀變更，有日後不能強制執行或甚難執行之虞

參考法條

民事訴訟法第532條：「債權人就金錢請求以外之請求，欲保全強制執行者，得聲請假處分。假處分，非因請求標的之現狀變更，有日後不能強制執行，或甚難執行之虞者，不得為之。」

民事訴訟法第533條：「關於假扣押之規定，於假處分準用之。但因第535條及第536條之規定而不同者，不在此限。」

民事訴訟法第535條：「假處分所必要之方法，由法院以裁定酌定之。前項裁定，得選任管理人及命令或禁止債務人為一定行為。」

23 虐待動物、我家養的狗咬人要負什麼法律責任？

　　小龍飼養一隻台灣土狗，平常都喚作「小黑」，某日小龍帶著小黑到公園散步，因平日小黑乖巧聽話，所以並未使用項圈，但小龍在蹓狗時，小黑不知何故突然發狂去咬正在玩翹翹板的小明，事後小龍異常生氣，竟然用球棒毆打、用腳猛踹小黑致傷重死亡，路人見狀後報警。請問小明是否可以向小龍求償或提出刑事告訴？又小龍虐待小黑致死是否有法律上的刑責？

▎呂律師這樣說

　　「動物保護」之觀念已成為國際間重要之普世價值之一，我國順應世界保護動物之潮流，制定動物保護法已行之有年，該法開宗明義揭櫫「尊重動物生命及保護動物」之立法意旨，飼主對於其管領之動物，應該：一、提供適當、乾淨且無害之食物及二十四小時充足、乾淨之飲水。二、提供安全、乾淨、通風、排水、適當及適量之遮蔽、照明與溫度之生活環境。三、提供法定動物傳染病之必要防治。四、避免其遭受騷擾、虐待或傷害。五、以籠子飼養寵物者，其籠內空間應足供寵物充分伸展，並應提供充分之籠外活動時間。六、以繩或鍊圈束寵物者，其繩或鍊應長於寵物身形且足供寵物充分伸展、活動，使用安全、舒適、

155

透氣且保持適當鬆緊度之項圈，並應適時提供充分之戶外活動時間。七、不得以汽、機車牽引寵物。八、有發生危害之虞時，應將寵物移置安全處，並給予逃生之機會。九、不得長時間將寵物留置密閉空間內，並應開啟對流孔洞供其呼吸。十、提供其他妥善之照顧。十一、除絕育外，不得對寵物施以非必要或不具醫療目的之手術。所以，若無法提供上述的照顧，就不要輕易飼養動物。

不僅要妥善照顧動物，還要管理動物以免加害於人，若動物有加損害於他人的時候，占有人就必須要負損害賠償的責任，案例中的小龍對小明因小黑咬傷所造成的傷害，就必須負損害賠償的責任。若小龍能證明依動物的種類及性質已為相當注意之管束，或縱為相當注意之管束而不免發生損害者，則不在此限，但以本案例的情形，小龍若有加項圈，則小黑應當不至於咬傷小明，所以小龍要負完全的損害賠償責任。小龍對於小明被小黑咬傷，有過失，也構成刑法上的過失傷害罪，因為是告訴乃論之罪，所以要小明或其父母提出刑事告訴，司法機關才會受理。此外，依照動物保護法的規定，為防止小黑咬傷別人，主管機關也可以將小黑沒入。

小龍在氣憤之餘虐待小黑致死，或許有人認為是處分自己私有的財產，哪有什麼責任？但如上所述，動物保護法有相關的規範，小龍虐待小黑致死，法院最高可判處兩年有期徒刑併科新台幣200萬元罰金。

　　之前被網友稱為「殺貓魔」的台大博士班學生李〇龍，曾領養逾10隻出生不到2個月的幼貓，其中4隻被發現遭割尾剝皮、四肢骨折、頭胸挫傷、內臟破裂出血，慘死或重傷，因為一行為一罰，後經地方法院以其有多次虐待幼貓的行為重判1年6個月有期徒刑，所以，不可以將飼養的動物當做私有財產而任意虐待，否則有可能要吃牢飯。

律師叮嚀：

一、上述有關小黑咬小明的情形，若是由第三人或他動物的挑動所致時，則小龍對該第三人或他動物之占有人，依照民法的規定有求償的權利；若是由小明挑動時，法院得因小明對於傷害的發生與有過失而減輕或免除賠償金額。

二、寵物出入公共場所或公眾得出入之場所，例如公園、百貨公司，應由7歲以上之人伴同，具攻擊性之寵物出入公共場所或公眾得出入之場所，應由成年人伴同，並採取適當防護措施，如有違反時最高可處新臺幣15萬元罰緩。

三、國人飼養寵物常有趕流行的情形，例如養獵犬、食人魚、鱷魚等，常常養一陣子、話題不再之後便偷偷棄養，但這些寵物與一般貓狗不同，恐怕會對人、其他動物甚至生態環境造成極大的傷害，因此動物保護法也禁止棄養動物，若有棄養時，最高可處新臺幣15萬元罰緩。

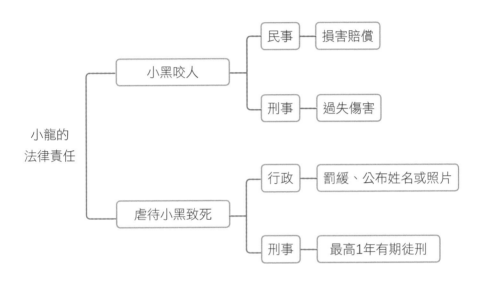

小龍的
法律責任
├ 小黑咬人
│ ├ 民事 ─ 損害賠償
│ └ 刑事 ─ 過失傷害
└ 虐待小黑致死
   ├ 行政 ─ 罰緩、公布姓名或照片
   └ 刑事 ─ 最高1年有期徒刑

參考法條

民法第190條：「動物加損害於他人者，由其占有人負損害賠償責任。但依動物之種類及性質已為相當注意之管束，或縱為相當注意之管束而仍不免發生損害者，不在此限。動物係由第三人或他動物之挑動，致加損害於他人者，其占有人對於該第三人或該他動物之占有人，有求償權。」

動物保護法第5條：「動物之飼主為自然人者，以成年人為限。未成年人飼養動物者，以其法定代理人或監護人為飼主。飼主對於其管領之動物，應依下列規定辦理：一、提供適當、乾淨且無害之食物及二十四小時充足、乾淨之飲水。二、提供安全、乾淨、通風、排水、適當及適量之遮蔽、照明與溫度之生活環境。三、提供法定動物傳染病之必要防治。四、避免其遭受騷擾、虐待或傷害。五、以籠子飼養寵物者，其籠內空間應足供寵物充分伸展，並應提供充分之籠外活動時間。六、以繩或鍊圈束寵物者，其繩或鍊應長於寵物身形且足供寵物充分伸展、活動，使用安全、舒適、透氣且保持適當鬆緊度之項圈，並應適時提供充分之戶外活動時間。七、不得以汽、機車牽引寵物。八、有發生危害之虞時，應將寵物移置安全處，並給予逃生之機會。九、不得長時間將寵物留置密閉空間內，並應開啟對流孔洞供其呼吸。十、提供其他妥善之照顧。十一、除絕育外，不得對寵物施以非必要或不具醫療目的之手術。飼主飼養之動物，除得送交動物收容處所或直轄市、縣（市）主管機關指定之場所收容處理外，不得棄養。」

動物保護法第6條：「任何人不得騷擾、虐待或傷害動物。」

動物保護法第7條：「飼主應防止其所飼養動物無故侵害他人之生命、身體、自由或財產。」

動物保護法第20條：「寵物出入公共場所或公眾得出入之場所，應由7歲以上之人伴同。具攻擊性之寵物出入公共場所或公眾得出入之場所，應由成年人伴同，並採取適當防護措施。前項具攻擊性之寵物及其所該採取之防護措施，由中央主管機關公告之。」

動物保護法第25條：「有下列情事之一者，處二年以下有期徒刑或拘役，併科新臺幣20萬元以上200萬元以下罰金：一、違反第5條第2項、第6條或第12條第1項規定，宰殺、故意傷害或使動物遭受傷害，致動物肢體嚴重殘缺或重要器官功能喪失。二、違反第12條第2項或第3項第1款規定，宰殺犬、貓或經中央主管機關公告禁止宰殺之動物。」

動物保護法第32條：「有下列情事之一者，直轄市或縣（市）主管機關得逕行沒入飼主之動物：一、飼主違反第5條第2項規定，使其飼養之動物遭受惡意或無故之騷擾、虐待或傷害，情節重大且有致死之虞。二、違反第5條第3項規定經飼主棄養之動物。三、違反第7條規定，無故侵害他人之生命或身體，致造成他人生命或身體傷害之動物。四、違反第7條規定，飼主經勸導拒不改善，而其飼養之動物再次無故侵害他人之自由或財產。五、違反第8條規定，飼養、輸入、輸出經公告禁止飼養、輸入或輸出之動物。違反前項各款規定之飼主，直轄市、縣（市）主管機關得禁止其認養自直轄市、縣（市）主管機關管轄之動物收容處所之動物，及不許可其申請經營寵物繁殖、買賣或寄養業。」

我不想幹了？！
五、有關職場的生活法律問題

24 在職場上遭到性騷擾，怎麼辦？

　　宜靜從小嚮往空中小姐的飛行生活，自大學畢業之後便進入全國航空公司擔任空服員。機長大雄對宜靜頗有好感，曾對宜靜多次表達情意，但落花有意、流水無情，大雄心有不甘，轉而對宜靜有諸多不禮貌的行為，諸如在執勤時談話之際，拉著宜靜的手撫摸、勾肩搭背、大談性經驗、黃色笑話等，最近變本加厲，趁宜靜不注意時強行自背後熊抱、親吻並邀宜靜上摩鐵，宜靜生性靦腆、向來逆來順受，很擔心若舉發大雄，事情曝光後職場生涯驟變，請問她該怎麼辦？法律能提供什麼保障呢？

▍呂律師這樣說

　　宜靜對於職場性騷擾的態度，可以說是大部分台灣職場女性的典型想法，縱使是被害人，大家都不願意成為職場上眾所矚目的對象，更何況性騷擾很多都是用很隱晦的方式為之，常常會告不成而反受譏諷，這是讓許多女性裹足不前的主要原因，但是，在相關法律的多重保障之下，性騷擾的防治已著有成效。

　　依照性別工作平等法的規定，性騷擾有以下兩種情形。第一種是冒犯性工作環境性騷擾，受雇者於執行職務時，遭受他人以性要求、具有性

意味或性別歧視之言詞或行為，造成受雇者處於敵意性、脅迫性或冒犯性的工作環境，例如開黃腔、性意味的身體接觸、用電子郵件傳遞裸照等；第二種是交換式性騷擾，雇主對受雇者或求職者明示或暗示之性要求、具有性別歧視之言詞或行為，作為勞動契約成立、變更等之交換條件，例如老闆暗示陪上床就可以加薪、升官等。但性騷擾之認定，應就個案審酌事件發生之背景、工作環境、當事人之關係、行為人之言詞、行為及相對人之認知等具體事實為之。

為了讓受雇者有免於性騷擾之工作環境，法律要求雇主負有防治性騷擾發生的義務。雇用受雇者30人以上者，應訂定性騷擾防治措施、申訴及懲戒辦法，並在工作場所公開揭示，雇主於知悉性騷擾之情形時，應採取立即有效之糾正及補救措施。

大雄對宜靜諸如開黃腔的行為應已構成職場性騷擾，宜靜可依照申訴辦法向全國航空公司（下稱公司）提出申訴，公司應以不公開的方式調查處理，如經調查性騷擾屬實，公司應視情節對大雄予以適當的懲戒，不僅如此，公司在事後還應該繼續追蹤以確保相同或報復事件不會發生。此外，公司如果未建立相關申訴制度或對宜靜的申訴未能有效處理時，宜靜還可以向公司所在地的直轄市或縣（市）主管機關提出申訴，若申訴屬實，可以對公司處新臺幣1萬以上10萬元以下的罰緩。如果不想

向雇主提出申訴，也可以向主管機關提出調解申請，調解成立所做成之調解書可以作為對騷擾者強制執行的依據。

大雄的行為也構成社會秩序維護法處罰「以猥褻之言語、舉動或其他方法，調戲異性者」之要件，警察機關可處新臺幣6,000元以下罰緩。

宜靜除了向公司、主管機關申訴外，還可以向法院提出民事訴訟求償，向大雄及公司請求負連帶賠償責任，但公司若能證明已遵行兩性工作平等法所規定的各種防治性騷擾的規定，且對該事情之發生已盡力防止仍不免發生者，則可不負賠償責任；若宜靜因公司未能採取立即有效之糾正及補救措施而受有損害者，也可以向公司請求因此所受之損失，宜靜可以請求的賠償包括非財產上的損失，也就是精神賠償。此外，宜靜依性別工作平等法的規定，因其被性騷擾而進行訴訟時，於受司法機關通知到庭期間，雇主應給予公假。

意圖性騷擾、趁人不及抗拒而為親吻、擁抱或觸摸其臀部、胸部或其他身體隱私處之行為者，依照性騷擾防治法的規定構成犯罪，最高可處2年有期徒刑併科新臺幣10萬元罰金。大雄趁宜靜不經意從背後熊抱、親吻的行為即構成上述犯罪，但因是告訴乃論之罪，所以宜靜必須在6個月之內，對大雄提出刑事告訴，否則會喪失告訴權！

律師叮嚀：

一、性騷擾者罪惡感薄弱，大多具有強烈的性別歧視，若被害人未能馬上明確拒絕，大多會食髓知味而一犯再犯，所以被害人為保護自己應該立即表明拒絕的立場以免誤會，並高聲呼救。再者，為使將來的救濟有所依據，應確實紀錄，包括人、事、時、地、物的相關事實，不要忘記記載被騷擾後的主觀感受，並尋求同事的支援或調查有無其他受害者，若性騷擾者是慣犯，則應隨時準備錄音或要求提出悔過書，最好避免與性騷擾者獨處的機會。

二、如果大雄不是趁宜靜不經意，而是以其他強暴、脅迫或其他違反宜靜意願的強制方法為之，還會進一步構成刑法上的強制猥褻罪，最高可處5年有期徒刑，若用加入迷藥或用凶器為之者，還可以構成加重強制猥褻罪，最高可處10年有期徒刑。

三、關於性騷擾法律的適用，若發生在工作場所，則適用性別工作平等法；若是校園性騷擾，則適用性別平等教育法，若是其他的場合，則適用性騷擾防治法。總之，關於性騷擾的規範，不論性騷擾者與被害人間的關係如何，均受法律的保護。

四、若是公共場所發現有性騷擾的情事，被害人可以向發生地機
關、警察機關或打內政部性騷擾專線113請求協助，向加害人所
屬關係提出申訴，或向直轄市、縣（市）主管機關申訴。

```
                        ┌──────────────────────────────────────┐
                        │            向雇主申訴                  │
                        └──────────────────────────────────────┘

                        ┌──────────────────────────────────────┐
                        │     向主管機關申訴或提出調解申請       │
                        └──────────────────────────────────────┘

工作場所性騷擾的救濟      ┌──────────────────────────────────────┐
                        │   向法院對雇主與騷擾者連帶請求賠償     │
                        └──────────────────────────────────────┘

                        ┌──────────────────────────────────────┐
                        │      向警察機關舉報調戲異性行為        │
                        └──────────────────────────────────────┘

                        ┌──────────────────────────────────────┐
                        │   對構成性騷擾罪的行為提出刑事告訴     │
                        └──────────────────────────────────────┘
```

參考法條

性別工作平等法第12條：「本法所稱性騷擾，謂下列二款情形之一：一、受雇者於執行職務時，任何人以性要求、具有性意味或性別歧視之言詞或行為，對其造成敵意性、脅迫性或冒犯性之工作環境，致侵犯或干擾其人格尊嚴、人身自由或影響其工作表現。二、雇主對受雇者或求職者為明示或暗示之性要求、具有性意味或性別歧視之言詞或行為，作為勞務契約成立、存續、變更或分發、配置、報酬、考績、陞遷、降調、獎懲等之交換條件。前項性騷擾之認定，應就個案審酌事件發生之背景、工作環境、當事人之關係、行為人之言詞、行為及相對人之認知等具體事實為之。」

性別工作平等法第13條：「雇主應防治性騷擾行為之發生。其雇用受雇者30人以上者，應訂定性騷擾防治措施、申訴及懲戒辦法，並在工作場所公開揭示。雇主於知悉前條性騷擾之情形時，應

採取立即有效之糾正及補救措施。第1項性騷擾防治措施、申訴及懲戒辦法之相關準則，由中央主管機關定之。」

性別工作平等法第27條：「受僱者或求職者因第12條之情事，受有損害者，由雇主及行為人連帶負損害賠償責任。但雇主證明其已遵行本法所定之各種防治性騷擾之規定，且對該事情之發生已盡力防止仍不免發生者，雇主不負賠償責任。如被害人依前項但書之規定不能受損害賠償時，法院因其聲請，得斟酌雇主與被害人之經濟狀況，令雇主為全部或一部之損害賠償。雇主賠償損害時，對於為性騷擾之行為人，有求償權。被害人因第12條之情事致生法律訴訟，於受司法機關通知到庭期間，雇主應給予公假。」

性別工作平等法第28條：「受僱者或求職者因雇主違反第13條第2項之義務，受有損害者，雇主應負賠償責任。」

性別工作平等法第29條：「前3條情形，受僱者或求職者雖非財產上之損害，亦得請求賠償相當之金額。其名譽被侵害者，並得請求回復名譽之適當處分。」

性別工作平等法第30條：「第26條至第28條之損害賠償請求權，自請求權人知有損害及賠償義務人時起，2年間不行使而消滅。自有性騷擾行為或違反各該規定之行為時起，逾10年者，亦同。」

性騷擾防治法第25條：「意圖性騷擾，乘人不及抗拒而為親吻、擁抱或觸摸其臀部、胸部或其他身體隱私處之行為者，處2年以下有期徒刑、拘役或科或併科新臺幣10萬元以下罰金。前項之罪，須告訴乃論。」

刑法第224條：「對於男女以強暴、脅迫、恐嚇、催眠術或其他違反其意願之方法，而為猥褻之行為者，處6月以上5年以下有期徒刑。」

刑法第224-1條：「犯前條之罪而有第222條第1項各款情形之一者，處3年以上10年以下有期徒刑。」

社會秩序維護法第83條：「有下列各款行為之一者，處新臺幣6,000元以下罰鍰：一、故意窺視他人臥室、浴室、廁所、更衣室，足以妨害其隱私者。二、於公共場所或公眾得出入之場所，任意裸體或為放蕩之姿勢，而有妨害善良風俗，不聽勸阻者。三、以猥褻之言語、舉動或其他方法，調戲他人者。」

公司可以任意調動員工的工作地點嗎？

　　小娟家住新北市永和區，3年前起在永和區頂溪捷運站旁的G牌連鎖服飾店擔任會計的工作，一直任職到現在。小娟作帳非常認真，卻因要求過於嚴格而與店長小龍常常發生口角，剛好小龍的舅舅大明擔任公司的人事經理，大明在小龍不斷進讒言之下，遂藉口缺人手而將小娟調往新竹店當外場銷售員。小娟個性內向、害羞，根本無法擔任銷售員的工作，且工作地點非常遠，通勤時間來回要花3個鐘頭，再者，原來是朝九晚五的生活，現在因調任晚班銷售員，工作時間改在下午2點到晚上10點。任職時小娟有同意必要時願意配合公司政策調動，請問小娟還可以拒絕調職嗎？可以終止勞動契約請求資遣費嗎？

▎呂律師這樣說

　　公司對於小娟工作地點的變更，小娟不僅以後上班的地點很遠，而且工作的內容與時間也有大幅度的改變，難怪小娟無法接受，但是在法律上小娟可以拒絕調動甚至終止勞動契約請求資遣費嗎？

　　勞方工作場所及工作內容、工作開始及終止之時間、休息時間，應於勞動契約內訂定，嗣後雇主如因業務需要而變動勞方之工作場所及工

作有關事項時，除勞動契約已有約定，應從其約定外，雇主應依誠信原則為之，否則，應得勞方之同意才可以。如雇主確有調動勞工工作之必要，依勞動基準法的規定，雇主應符合下列幾項原則：1.基於企業經營上所必須，且不得有不當動機及目的。但法律另有規定者，從其規定。2.對勞工之工資及其他勞動條件，未做不利之變更。3.調動後工作為勞工體能及技術可勝任。4.調動工作地點過遠，雇主應予以必要之協助。5.考量勞工及其家庭之生活利益。亦即，調職命令應受「權利濫用禁止」原則的限制，必須調職具有企業經營上之必要性與合理性，不得只憑雇主個人感情之好惡而發布調職令，否則，該命令無效，勞工若拒絕調職，雇主亦不得解雇。

小娟工作地點的調動純粹是因為她與店長小龍之間工作態度歧異所致，並不是小娟有不稱職的地方，且新竹店縱使銷售員人手不足，但應不需要從永和派一位會計過去幫忙，顯然不具有必要性；再者，小娟會計的工作與銷售員南轅北轍，更動後的工作並非小娟所能勝任，且公司也並未對小娟工作地點更動有任何協助，因此公司的調職命令並不符合上述幾項原則的規定，小娟有權拒絕。

勞動基準法規定，雇主違反勞動契約或勞工法令，致有損害勞工權益之虞者，勞工得不經預告終止契約。小娟公司調整工作時間及工作內容

之命令既非合法，小娟可以拒絕之，且小娟公司所為的調動命令，既然不合法且嚴重影響小娟的權益，所以小娟可主張公司違反勞動契約，致有損害權益為由終止勞動契約，並向公司請求發給資遣費。

律師叮嚀：

　　小娟在3年前任職於G牌連鎖服飾店，是在勞工退休金條例施行之後，所以小娟只能選擇新制，因此關於資遣費之計算，應按照勞工退休金條例而不適用勞動基準法的規定，依新制，雇主要按小娟的工作年資，每滿1年發給1/2個月平均工資，也就是要給小娟1.5個月平均工資的資遣費，且應於小娟終止勞動契約後30日之內發給；假設小娟有民國94年7月1日以前的工作年資、選新制且繼續在同一間公司工作至今時，舊年資按勞動基準法的規定請求，小娟可以向雇主請求發給每滿工作1年相當於1個月平均工資的資遣費，新制的部分則按照上述說明計算，可見新舊制資遣費的計算有所不同。此外，雇主依新制所提撥之退休金，小娟將來仍然可以領取，自不待言。

調動工作五原則

基於企業經營上所必須，且不得有不當動機及目的

對勞工之工資及其他勞動條件，未作不利之變更

調動後工作為勞工體能及技術可勝任

調動工作地點過遠，雇主應予以必要之協助

考量勞工及其家庭之生活利益

參考法條

勞動基準法第10條之1：「雇主調動勞工工作，不得違反勞動契約之約定，並應符合下列原則：一、基於企業經營上所必須，且不得有不當動機及目的。但法律另有規定者，從其規定。二、對勞工之工資及其他勞動條件，未作不利之變更。三、調動後工作為勞工體能及技術可勝任。四、調動工作地點過遠，雇主應予以必要之協助。五、考量勞工及其家庭之生活利益。」

勞動基準法第14條：「有下列情形之一者，勞工得不經預告終止契約：一、雇主於訂立勞動契約時為虛偽之意思表示，使勞工誤信而有受損害之虞者。二、雇主、雇主家屬、雇主代理人對於勞工，實施暴行或有重大侮辱之行為者。三、契約所訂之工作，對於勞工健康有危害之虞，經通知雇主改善而無效果者。四、雇主、雇主代理人或其他勞工患有法定傳染病，對共同工作之勞工有傳染之虞，且重大危害其健康者。五、雇主不依勞動契約給付工作報酬，或對於按件計酬之勞工不供給充分之工作者。六、雇主違反勞動契約或勞工法令，致有損害勞工權益之虞者。勞工依前項第1款、第6款規定終止契約者，應自知悉其情形之日起，30日內為之。但雇主有前項第6款所定情形者，勞工得於知悉損害結果之日起，30日內為之。有第1項第2款或第4款情形，雇主已將該代理人間之契約終止，或患有法定傳染病者依衛生法規已接受治療時，勞工不得終止契約。第17條規定於本條終止契約準用之。」

勞動基準法第17條：「雇主依前條終止勞動契約者，應依下列規定發給勞工資遣費：一、在同一雇主之事業單位繼續工作，每滿1年發給相當於1個月平均工資之資遣費。二、依前款計算之剩餘月數，或工作未滿1年者，以比例計給之。未滿1個月者以1個月計。前項所定資遣費，雇主應於終止勞動契約30日內發給。」

勞工退休金條例第12條：「勞工適用本條例之退休金制度者，適用本條例後之工作年資，於勞動契約依勞動基準法第11、第13條但書、第14條及第20條或職業災害勞工保護法第23條、第24條規定終止時，其資遣費由雇主按其工作年資，每滿1年發給1/2個月之平均工資，未滿1年者，以比例計給；最高以發給6個月平均工資為限，不適用勞動基準法第17條之規定。依前項規定計算之資遣費，應於終止勞動契約後30日內發給。選擇繼續適用勞動基準法退休金規定之勞工，其資遣費與退休金依同法第17條、第55條及第84條之2規定發給。」

26 老闆片面減薪，勞工可以終止勞動契約嗎？

　　曉琪在大豐紡織廠工作多年，但近年來紡織廠技術並未升級，產品競爭力有限，因此業績每況愈下。幸而紡織廠有價值不斐的不動產與嫻熟的勞動力，吸引許多外來投資者的青睞，最近紡織廠引進外資，並將經營權交由新投資人掌管，並任命國雄為總經理大刀闊斧整頓。然而國雄為求降低成本，未經勞工同意即以共體時艱為由，片面減薪20%，請問曉琪可以終止勞動契約請求資遣費嗎？

▌呂律師這樣說

　　紡織業在台灣是夕陽工業，許多廠商為降低成本早已關廠移向海外發展，根留台灣者很多也致力於技術的提升以提高產品的價值，雖然國雄降低成本的考量無可厚非，但應充分與勞工溝通，若片面更改勞動條件，將引發新一波的勞資糾紛，反而有害於紡織廠的長遠發展。

　　勞工在什麼條件下可以不經預告而終止勞動契約請求資遣費呢？依照勞動基準法的規定有下列的情形：

　　一、雇主於訂立勞動契約時為虛偽之意思表示，使勞工誤信而有受損害之虞者。例如，雇主於訂立勞動契約時，因勞工自南部北上求職而向

勞工表示有提供員工宿舍可供居住，但嗣後卻未提供。勞工應自知悉有上述情形之日起30日內終止勞動契約，否則會發生失權的效果

二、雇主、雇主家屬、雇主代理人對於勞工，實施暴行或有重大侮辱之行為者。

三、契約所訂之工作，對於勞工健康有危害之虞，經通知雇主改善而無效果者。例如，雇主所提供的工作物料、器具或工作環境對勞工安全、健康有危害之虞時，經勞工通知雇主改善核無效果時。

四、雇主、雇主代理人或其他勞工患有法定傳染病，對共同工作之勞工有傳染之虞，且重大危害其健康者。所謂法定傳染病，係指傳染病防治法所定義者，例如，天花、鼠疫、嚴重急性呼吸道症候群、白喉、傷寒、登革熱、百日咳、破傷風、日本腦炎等。若雇主已將該代理人間之契約終止，或患有法定傳染病者依衛生法規已接受治療時，則勞工不得終止契約。

五、雇主不依勞動契約給付工作報酬，或對於按件計酬之勞工不供給充分之工作者。所謂「不依勞動契約給付工作報酬」包括不為給付、不為完全之給付與給付遲延等3種情形。

六、雇主違反勞動契約或勞工法令，致有損害勞工權益之虞者。例如擅自片面減薪、改變原有績效獎金計算方式而不利於勞工、無情勢變更及必要性而調動勞工工作地點及職務、無故辭退勞工等，有上述情形時，應自知悉之日起，30日內終止勞動契約，勞工亦得於知悉損害結果之日起，30日內為之。

以本案例而論，紡織廠片面減薪20％，應已構成上述第5、第6種情形，所以曉琪可以不經預告而終止勞動契約，並可以請求資遣費之支付，若曉琪當初選擇退休新制，則在舊制期間的年資，依勞動基準法規定，每滿1年發給相當於1個月平均工資之資遣費，剩餘月數以比例計給之，未滿1個月者以1個月計，新制期間的年資，依勞工退休金條例規定，每滿1年發給1/2個月的平均工資，未滿1年者，以比例計給；若曉琪當初仍選擇退休舊制時，則工作年資完全依照上述勞動基準法的規定計算之。紡織廠應於終止勞動契約30日內發給資遣費。

律師叮嚀：

一、紡織廠片面減薪，曉琪固然可以終止勞動契約請求資遣費，除此之外，紡織廠若因此而減發薪資，曉琪當然可以依法請求薪資差額，主管機關也可以對紡織廠處最高新臺幣30萬元之罰緩，並可公布事業單位或事業主之名稱、負責人姓名，並限期令其改善，屆期未改善者，應按次處罰；若紡織廠不支付資遣費，主管機關依法最高可以處新臺幣45萬元之罰緩。

二、勞工要依法不經預告終止勞動契約時，最好用存證信函的方式，載明終止的原因與終止契約之意思表示，以免將來雙方發生不必要的爭執。

勞工得不經預告
終止的理由

雇主於訂立勞動契約時為虛偽之意思表示，使勞工誤信而有受損害之虞者

雇主、雇主家屬、雇主代理人對於勞工，實施暴行或有重大侮辱之行為者

契約所訂之工作，對於勞工健康有危害之虞，經通知雇主改善而無效果者

雇主、雇主代理人或其他勞工患有法定傳染病，對共同工作之勞工有傳染之虞，且重大危害其健康者

雇主不依勞動契約給付工作報酬，或對於按件計酬之勞工不供給充分之工作者

雇主違反勞動契約或勞工法令，致有損害勞工權益之虞者

參考法條

勞動基準法第14條:「有下列情形之一者,勞工得不經預告終止契約:一、雇主於訂立勞動契約時為虛偽之意思表示,使勞工誤信而有受損害之虞者。二、雇主、雇主家屬、雇主代理人對於勞工,實施暴行或有重大侮辱之行為者。三、契約所訂之工作,對於勞工健康有危害之虞,經通知雇主改善而無效果者。四、雇主、雇主代理人或其他勞工患有法定傳染病,對共同工作之勞工有傳染之虞,且重大危害其健康者。五、雇主不依勞動契約給付工作報酬,或對於按件計酬之勞工不供給充分之工作者。六、雇主違反勞動契約或勞工法令,致有損害勞工權益之虞者。勞工依前項第1款、第6款規定終止契約者,應自知悉其情形之日起,30日內為之。但雇主有前項第6款所定情形者,勞工得於知悉損害結果之日起,30日內為之。有第1項第2款或第4款情形,雇主已將該代理人間之契約終止,或患有法定傳染病者依衛生法規已接受治療時,勞工不得終止契約。第17條規定於本條終止契約準用之。」

勞動基準法第17條:「雇主依前條終止勞動契約者,應依下列規定發給勞工資遣費:一、在同一雇主之事業單位繼續工作,每滿1年發給相當於1個月平均工資之資遣費。二、依前款計算之剩餘月數,或工作未滿1年者,以比例計給之。未滿1個月者以1個月計。前項所定資遣費,雇主應於終止勞動契約30日內發給。」

勞工退休金條例第12條:「勞工適用本條例之退休金制度者,適用本條例後之工作年資,於勞動契約依勞動基準法第11條、第13條但書、第14條及第20條或職業災害勞工保護法第23條、第24條規定終止時,其資遣費由雇主按其工作年資,每滿1年發給1/2個月之平均工資,未滿1年者,以比例計給;最高以發給6個月平均工資為限,不適用勞動基準法第17條之規定。依前項規定計算之資遣費,應於終止勞動契約後30日內發給。選擇繼續適用勞動基準法退休金規定之勞工,其資遣費與退休金依同法第17條、第55條及第84條之2規定發給。」

27 什麼是人事保證？當別人的人事保證人安全嗎？

　　阿信於大學畢業後，就在大華科技公司從事軟體開發的工作、薪資、福利都相當不錯，公司的IC設計產品也很有市場競爭力，阿信對於目前的工作環境相當滿意。最近，阿信的大學死黨阿福剛從美國留學回來，阿信便介紹阿福到公司應徵。雖然公司歡迎阿福任職，但要求阿信當阿福的人事保證人，阿信雖然相信阿福的能力與人格，但對人事保證的法律責任仍憂心忡忡，不知道將來可能會遇到什麼麻煩？

▎呂律師這樣說

　　中國人的造字很有意思，人呆為保，若心中仍保有一絲絲的清明，應該不會幫忙做保，不過，為人處世，人情的厚重卻是難以消受。不管是否出於樂意或者迫於無奈，如果真的承擔人事保證責任，還是要了解要負擔什麼義務，尤其要知道有沒有可以拒絕或減免責任的「撇步」！

　　所謂人事保證，是指當事人約定，一方於他方之受雇人將來因職場上行為而應對他方為損害賠償時，由其代負賠償責任之之契約。以本案例而論，「當事人」指阿信與公司，「他方之受雇人」指阿福，當阿福將

來因工作而應對公司損害賠償時，阿信承諾要幫阿福代負賠償責任的意思。

關於人事保證要注意下面幾個事項：

一、人事保證契約，應該以書面為之，如果未訂立書面時，保證人可以主張人事保證無效。

二、必須是他方之受雇人的「職務上行為」所導致之損害賠償責任，若與職務行為無關，當然就無保證責任。例如，受雇人於假日返回公司偷竊物品，則保證人毋庸負責。

三、保證人只有在雇用人不能依他項方法受賠償時才要負責，除非雇用人能夠證明受雇人無其他財產或強制執行無效果，否則不能向保證人請求。

四、除法律另有規定或契約另有訂定外，保證人可以受雇人當年可得報酬總額為限負賠償責任，超過的部分，保證人得拒絕負擔，事實上，雇主常常會在契約內排除上述責任的限制。

五、人事保證的約定保證的期間，但不得超過3年，超過3年者，縮

短為3年，只有在這3年內受雇人有因職務上之行為而應負賠償責任時，保證人才應負責，3年屆至，可以重新約定延長，易言之，3年屆至後保證人可以同意或拒絕保證，使保證人有重新考慮的機會；若未約定期間者，自成立之日起有效時間為3年。

六、人事保證契約若未定期間者，保證人得隨時終止契約，但應於3個月前通知雇用人，所以當初若未約定保證期間者，保證人就要好好把握這個終止的權利。

七、雇用人對保證人之請求權，因2年間不行使而消滅，所以當雇用人向保證人請求時，保證人要特別注意雇用人之請求有無消滅時效完成的情形。

律師叮嚀：

　　人事保證人同意保證後，受雇人嗣後的許多情況並非當初簽約時所能預料，若強令保證人負責，未免失之公平，所以民法規定，有下列情形之一者，雇用人應即通知保證人：

一、雇用人依法得終止雇傭契約，而其終止事由有發生保證人責任之虞者。

二、受雇人因職務上之行為而應對雇用人負損害賠償責任，並經雇用人向受雇人行使權利者。

三、雇用人變更受雇人之職務或任職時間、地點，致加重保證人責任或使其難於注意者。

　　保證人於受到上述通知或保證人知有上述情形時，得終止契約，當然，對於終止前已發生之責任仍然必須負擔，若雇用人不及時通知保證人時，法院得減輕保證人之賠償金額或免除之。此外，在雇用人對於受雇人之選任或監督有疏懈時，保證人也可以主張減輕或免除保證責任。

GO!

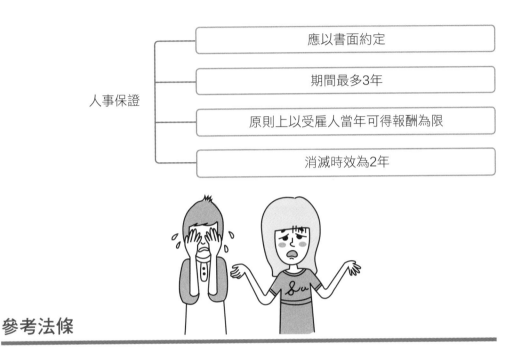

人事保證

- 應以書面約定
- 期間最多3年
- 原則上以受雇人當年可得報酬為限
- 消滅時效為2年

參考法條

民法第756-1條：「稱人事保證者，謂當事人約定，一方於他方之受雇人將來因職務上之行為而應對他方為損害賠償時，由其代負賠償責任之契約。前項契約，應以書面為之。」

民法第756-3條：「人事保證約定之期間，不得逾3年。逾3年者，縮短為3年。前項期間，當事人得更新之。人事保證未定期間者，自成立之日起有效期間為3年。」

民法第756-4條：「人事保證未定期間者，保證人得隨時終止契約。前項終止契約，應於3個月前通知雇用人。但當事人約定較短之期間者，從其約定。」

民法第756-5條：「有左列情形之一者，雇用人應即通知保證人：一、雇用人依法得終止雇傭契約，而其終止事由有發生保證人責任之虞者。二、受雇人因職務上之行為而應對雇用人負損害賠償責任，並經雇用人向受雇人行使權利者。三、雇用人變更受雇人之職務或任職時間、地點，致加重保證人責任或使其難於注意者。保證人受前項通知者，得終止契約。保證人知有前項各款情形者，亦同。」

民法第756-6條：「有左列情形之一者，法院得減輕保證人之賠償金額或免除之：一、有前條第1項各款之情形而雇用人不即通知保證人者。二、雇用人對受雇人之選任或監督有疏懈者。」

民法第756-8條：「雇用人對保證人之請求權，因2年間不行使而消滅。」

28 如何簽訂競業禁止條款？

　　啟明於國中畢業後，就在電器行打工，本即嫻熟修理電器的技術，之前在台北市的每日家電公司擔任電視機維修員的工作，一個月月薪約為新臺幣4萬元。啟明在任職之初曾在制式的勞動契約書上簽名蓋章，在勞動契約書內載有競業禁止條款：「如因故離職或遭解雇者，勞工不能在離職3年內在同行業或相關行業就職或創業，如有違反者應賠償本公司違約金新臺幣100萬元整。」後來啟明因為薪水太低而請辭，便跳槽到桃園市的一家二手家電買賣廠商擔任修理技師，啟明離職後3個月每日公司即知悉上述情事，便以啟明違反競業禁止條款為由，起訴請求新臺幣100萬元的賠償，請問每日家電公司的請求在法律上合理嗎？

▍呂律師這樣說

　　案例中，啟明只有國中畢業的學歷，因為修理電視機工作的可替代性比較高，所以沒有豐厚的薪水，每天只在工廠內修電視機，如果離職後3年內都不能從事修理電器的工作，感覺上不太合理。但是，啟明當初為了討飯碗又不得不在白紙黑字的勞動契約上簽名，法律上好像又要負責任，到底這樣的約定有沒有效益呢？

受雇人於雇傭關係存續中因參與對雇用人之顧客、商品來源、製造或銷售過程等機密，此類機密之利用，對雇用人可能造成危險或損失，可經由雙方當事人協議，在雇傭關係終止後，受雇人於一定期間內不得從事與原雇主相同或同類事業之工作，司法實務上認為競業禁止條款要合法發生效力，應該考量下列情形：

一、企業或雇主需有依競業禁止特約保護之利益存在，亦即雇主的固有知識和營業祕密有保護之必要。

二、勞工或員工在原雇主或公司之職務及地位。關於沒有特別技能、技術且職位較低，並非公司之主要營業幹部，處於弱勢之勞工，縱使離職後再至相同或類似業務之公司任職，亦無妨害原雇主營業之可能，此時之競業禁止約定應認拘束勞工轉業自由，乃違反公序良俗而無效。

三、限制勞工就業之對象、期間、區域、職業活動之範圍，需不超逾合理之範疇。

四、需有填補勞工因競業禁止之損害之代償措施，代償措施之有無，有時亦為重要之判斷基準，於勞工競業禁止若有代償或津貼之情形，如無特別之情事，此種競業特約很難認為係違反公序良俗。

五、離職後員工之競業行為是否具有顯著背信性或顯著的違反誠信原則，亦即當離職之員工對原雇主之客戶、情報大量篡奪等情事或其競業之內容及態樣，較具惡質性或競業行為出現有顯著之背信性或顯著的違反誠信原則時，此時該離職違反競業禁止之員工自屬不值保護。

　　本案例中，啟明修理技術並非來自於公司，且該技術市場上相關人員都會，所以公司並無須以競業禁止條款保護的利益存在，啟明也非公司經營的主要幹部，競業禁止條款內對於限制啟明就業之對象、區域、職業活動之範圍並不明確，限制就業的時間太長（一般法院認為最長以2年為宜）。再者，也未約定代價或補償的措施，所以這樣的約定，法院將會認定為無效。

律師叮嚀：

一、縱使勞工嗣後確有違反競業禁止條款，依法也不一定要按照約定的金額賠償，因為依照民法的規定，約定的違約金額過高時，法院應依一般客觀事實、社會經濟狀況及當事人所受損害、利益等情，依職權為衡酌，不待債務人（受雇人）之請求，減至相當數額，不是條款約定多少，勞工就要賠多少。

二、如果雇主想要與勞工約定競業禁止條款時，應該檢視下列事項：（一）具有值得法律保護的利益；（二）競業禁止之明確期限（包括起訖時間及期限，最好不要超過2年）；（三）競業禁止之區域範圍（如行政區域或一定之地域）；（四）競業禁止之行業或職業之範圍（如特定產業或職業）；（五）違反競業禁止約定時之處理方式（如賠償訓練費用或違約金，越具體越好，以免將來被法院酌減）；（六）代償措施的約定。

參考法條

民法第72條：「法律行為，有背於公共秩序或善良風俗者，無效。」

民法第247-1條：「依照當事人一方預定用於同類契約之條款而訂定之契約，為左列各款之約定，按其情形顯失公平者，該部分約定無效：一、免除或減輕預定契約條款之當事人之責任者。二、加重他方當事人之責任者。三、使他方當事人拋棄權利或限制其行使權利者。四、其他於他方當事人有重大不利益者。」

民法第252條：「約定之違約金額過高者，法院得減至相當之數額。」

你怎麼可以這樣對我？！
六、有關消費的生活法律問題

29 吃壞肚子了，可以主張什麼權利？

正帆平日喜愛品嚐美食也特別愛吃海鮮，總是喜歡跟三五好友在小週末的晚上，相約到一間海鮮餐廳聚餐。這家餐廳素以廉價出名，在成本的考量下，食材並沒有這麼新鮮，某次聚會正帆回家後肚子開始陣陣的絞痛，同時也出現多次噁心、嘔吐、腹瀉等症狀，送醫後診斷出得到急性腸胃炎，且連正帆一同聚餐的朋友也陸陸續續發生同樣的情況，請問正帆可以主張什麼權利？

▍呂律師這樣說

吃飯皇帝大、民以食為天，食物是人類延續生命的糧食。現代人的工作步調隨著社會環境的變遷不斷地加快，不僅早午餐大多以外食為主，就連晚餐、宵夜也因為應酬加班等因素，而不得不在外用餐，加上外食的方便、美味及多樣性也是吸引現代人的因素。但餐餐老是在外，總是會有安全與衛生上的疑慮，我們常常在新聞媒體上也看到有關引起食物中毒等的問題。

現代人生活壓力大，下班放鬆後總是喜歡上餐館大塊朵頤一番，但在吃飯的同時，消費者往往會忽略食品衛生的重要性，因為常有不肖商人為了節省成本、時間，將儲存過久的食物拿來烹煮或在烹飪的過程中，

沒有將處理生食、熟食的器皿用具分開處理等，就有可能造成身體上的危害。依照消費者保護法的規定，商家對於其所提供之商品或服務本來就要擔保安全性，若認為所提供之商品或服務有危害消費者安全與健康之虞時，即應回收商品或停止服務。因此，海鮮餐廳可能因為買進便宜的食材，對食材的安全性不講究，便造成正帆等吃壞肚子，此時正帆等可以依照消費者保護法、民法侵權行為的規定，向海鮮餐廳請求損害賠償，若企業經營者是故意為之時，正帆還可以請求損害額5倍以下之懲罰性賠償金；若因重大過失所致之損害，得請求3倍以下之懲罰性賠償金；若如因過失所致，也可以請求1倍以下之懲罰性賠償金。

另外，食品安全衛生管理法也有規範，業者對於變質或腐敗之食品，禁止製造或販賣的行為。如將腐敗或變質的東西販賣給顧客，可處最高新臺幣2億元罰鍰；情節重大者，還可以命其歇業、停業、廢止登記等。

除了自己起訴以外，消費者保護法有團體訴訟的規定，消費者保護團體得受讓20人以上被害人的權利，而以自己名義為被害人提起訴訟，且應委任律師代理訴訟，被害人除必要費用外無需支付報酬，且就請求金額60萬元以上的部分無庸繳納裁判費，這是優惠消費者的規定，遇到重大消費事件時，消費者可以循此途徑請求救濟。

律師叮嚀：

一、基於買賣消費關係，餐飲業者有義務提供無瑕疵的餐飲食品給消費者，如果消費者因此餐點瑕疵而吃壞肚子時，消費者除了應先送醫急救外，若狀況還好或者有其他同行友人時，要保留剩餘的食品及嘔吐物，馬上送到衛生單位，並留下當場顧客聯絡方式以備日後作證。

二、消費者吃壞肚子或造成其他傷害，則業者也可能構成刑法上業務過失傷害罪，消費者也可循刑事告訴的方式主張權利，但應注意6個月的告訴期間。

三、如果餐廳有關食材、餐品的廣告有不實時，或就食品為醫療效能之宣傳、廣告時，依照食品安全衛生管理法的規定，可處最高新臺幣500萬元的罰鍰，所以消費者若發現有上述情形時，也可以主動向主管機關檢舉，之前鼎王麻辣鍋就因為湯頭不實與宣傳療效被處罰幾百萬元罰鍰，即為適例。

GO!

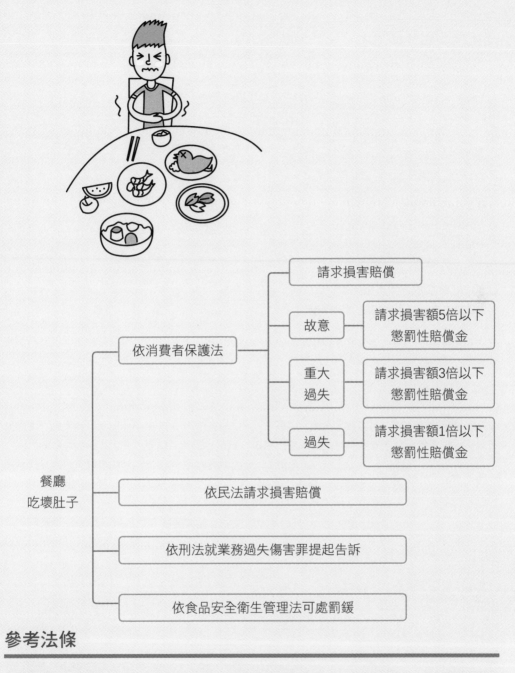

依消費者保護法
　　請求損害賠償
　　故意　　請求損害額5倍以下懲罰性賠償金
　　重大過失　　請求損害額3倍以下懲罰性賠償金
　　過失　　請求損害額1倍以下懲罰性賠償金

餐廳吃壞肚子
　　依民法請求損害賠償
　　依刑法就業務過失傷害罪提起告訴
　　依食品安全衛生管理法可處罰鍰

參考法條

消費者保護法第7條：「從事設計、生產、製造商品或提供服務之企業經營者，於提供商品流通進入市場，或提供服務時，應確保該商品或服務，符合當時科技或專業水準可合理期待之安全

性。商品或服務具有危害消費者生命、身體、健康、財產之可能者，應於明顯處為警告標示及緊急處理危險之方法。企業經營者違反前2項規定，致生損害於消費者或第三人時，應負連帶賠償責任。但企業經營者能證明其無過失者，法院得減輕其賠償責任。」

消費者保護法第8條：「從事經銷之企業經營者，就商品或服務所生之損害，與設計、生產、製造商品或提供服務之企業經營者連帶負賠償責任。但其對於損害之防免已盡相當之注意，或縱加以相當之注意而仍不免發生損害者，不在此限。前項之企業經營者，改裝、分裝商品或變更服務內容者，視為第7條之企業經營者。」

消費者保護法第9條：「輸入商品或服務之企業經營者，視為該商品之設計、生產、製造者或服務之提供者，負本法第7條之製造者責任。」

消費者保護法第10條：「企業經營者於有事實足認其提供之商品或服務有危害消費者安全與健康之虞時，應即回收該批商品或停止其服務。但企業經營者所為必要之處理，足以除去其危害者，不在此限。商品或服務有危害消費者生命、身體、健康或財產之虞，而未於明顯處為警告標示，並附載危險之緊急處理方法者，準用前項規定。」

消費者保護法第50條：「消費者保護團體對於同一之原因事件，致使眾多消費者受害時，得受讓20人以上消費者損害賠償請求權後，以自己名義，提起訴訟。消費者得於言詞辯論終結前，終止讓與損害賠償請求權，並通知法院。前項訴訟，因部分消費者終止讓與損害賠償請求權，致人數不足20人者，不影響其實施訴訟之權能。第1項讓與之損害賠償請求權，包括民法第194條、第195條第1項非財產上之損害。前項關於消費者損害賠償請求權之時效利益，應依讓與之消費者單獨個別計算。消費者保護團體受讓第3項所定請求權後，應將訴訟結果所得之賠償，扣除訴訟及依前條第2項規定支付予律師之必要費用後，交付該讓與請求權之消費者。消費者保護團體就第1項訴訟，不得向消費者請求報酬。」

消費者保護法第51條：「依本法所提之訴訟，因企業經營者之故意所致之損害，消費者得請求損害額5倍以下之懲罰性賠償金；但因重大過失所致之損害，得請求3倍以下之懲罰性賠償金，因過失所致之損害，得請求損害額1倍以下之懲罰性賠償金。」

食品安全衛生管理法第15條：「食品或食品添加物有下列情形之一者，不得製造、加工、調配、包裝、運送、貯存、販賣、輸入、輸出、作為贈品或公開陳列：一、變質或腐敗。二、未成熟而有害人體健康。三、有毒或含有害人體健康之物質或異物。四、染有病原性生物，或經流行病學調查認定屬造成食品中毒之病因。五、殘留農藥或動物用藥含量超過安全容許量。六、受原子塵

或放射能污染，其含量超過安全容許量。七、攙偽或假冒。八、逾有效日期。九、從未於國內供作飲食且未經證明為無害人體健康。十、添加未經中央主管機關許可之添加物。前項第5款、第6款殘留農藥或動物用藥安全容許量及食品中原子塵或放射能污染安全容許量之標準，由中央主管機關會商相關機關定之。第1項第3款有害人體健康之物質，包括雖非疫區而近10年內有發生牛海綿狀腦病或新型庫賈氏症病例之國家或地區牛隻之頭骨、腦、眼睛、脊髓、絞肉、內臟及其他相關產製品。國內外之肉品及其他相關產製品，除依中央主管機關根據國人膳食習慣為風險評估所訂定安全容許標準者外，不得檢出乙型受體素。國內外如發生因食用安全容許殘留乙型受體素肉品導致中毒案例時，應立即停止含乙型受體素之肉品進口；國內經確認有因食用致中毒之個案，政府應負照護責任，並協助向廠商請求損害賠償。」

食品安全衛生管理法第16條：「食品器具、食品容器或包裝、食品用洗潔劑有下列情形之一，不得製造、販賣、輸入、輸出或使用：一、有毒者。二、易生不良化學作用者。三、足以危害健康者。四、其他經風險評估有危害健康之虞者。」

食品安全衛生管理法第17條：「販賣之食品、食品用洗潔劑及其器具、容器或包裝，應符合衛生安全及品質之標準；其標準由中央主管機關定之。」

食品安全衛生管理法第44條：「有下列行為之一者，處新臺幣6萬元以上2億元以下罰鍰；情節重大者，並得命其歇業、停業一定期間、廢止其公司、商業、工廠之全部或部分登記事項，或食品業者之登記；經廢止登錄者，1年內不得再申請重新登錄：一、違反第8條第1項或第2項規定，經命其限期改正，屆期不改正。二、違反第15條第1項、第4項或第16條規定。三、經主管機關依第52條第2項規定，命其回收、銷毀而不遵行。四、違反中央主管機關依第54條第1項所為禁止其製造、販賣、輸入或輸出之公告。前項罰鍰之裁罰標準，由中央主管機關定之。」

食品安全衛生管理法第45條：「違反第28條第1項或中央主管機關依第28條第3項所定辦法者，處新臺幣4萬元以上400萬元以下罰鍰；違反同條第2項規定者，處新臺幣60萬元以上500萬元以下罰鍰；再次違反者，並得命其歇業、停業一定期間、廢止其公司、商業、工廠之全部或部分登記事項，或食品業者之登錄；經廢止登錄者，1年內不得再申請重新登錄。違反前項廣告規定之食品業者，應按次處罰至其停止刊播為止。違反第28條有關廣告規定之一，情節重大者，除依前2項規定處分外，主管機關並應命其不得販賣、供應或陳列；且應自裁處書送達之日起30日內，於原刊播之同一篇幅、時段，刊播一定次數之更正廣告，其內容應載明表達歉意及排除錯誤之訊息。違反前項規定，繼續販賣、供應、陳列或未刊播更正廣告者，處新臺幣12萬元以上60萬元以下罰鍰。」

30 在速食店內跌倒，可以向業者求償嗎？

政宇是一般上班族，某日中午與同事一起到知名連鎖速食店用餐。恰逢梅雨季節，久雨不晴，人來人往導致店內點餐區濕滑，但店方未為任何處置。政宇因而在點餐區前摔跤，這一跌讓他左腿撕裂性骨折、扭傷腰背，經送醫後住院治療，左腿還需釘鋼釘及打石膏，出院後仍須持著枴杖請假在家療養，造成金錢和精神上的損害。請問政宇可以將所受之損害向速食店求償嗎？

▌呂律師這樣說

速食連鎖店是大眾消費場所，民眾進出頻繁，經營場所的安全性非常重要，許多在速食餐廳所發生的消費糾紛中，場所傷害事件所在多聞，企業經營者對此不可掉以輕心。但有些業者在處理顧客店內受傷案件時，因怕受到牽累而損害商譽甚或賠償損失，所以會在第一時間推諉責任，使得顧客將因此受到二次傷害，本案例中政宇如何保障自己的權益呢？

國家為了保護消費者的權益、保障國民消費安全，並提升國民消費品質，特別制定了消費者保護法，依該法的規定，從事設計、生產、製造商品或提供服務之企業經營者，於提供商品流通進入市場，或提供服

務時，應確保該商品或服務，符合當時科技或專業水準可合理期待之安全性。也就是說，商品或服務的設計者、製造者及經營者等，須確保商品或服務的安全性。萬一發生危險，經營者等應有警告標示及緊急處理方法。本案例中，當時店內點餐區地面濕滑，企業經營者應保持地面乾燥、加裝防滑設施、張貼警示標語提醒注意，才不會使政宇在速食店內滑倒受傷。

因此，速食店對於進出的顧客應注意防範安全，在用餐環境及設備應盡必要注意，避免造成顧客損害，確保顧客可合理期待的安全性。當然政宇可以依消費者保護法、民法侵權行為的規定，向店家要求醫療費用的實際支出；再來是因為住院療養而無法工作的薪資損失以及精神撫慰金，如果政宇還有其他因為此次受傷而增加生活上的費用，例如買拐杖、輪椅或搭乘計程車的支出，都可以一併向速食店業者請求賠償。

另外，若因企業經營者的疏於注意而導致消費者受傷時，消費者除了可以要求賠償損失外，還可以要求額外的懲罰性賠償。依消費者保護法所提之訴訟，因企業經營者之故意所致之損害，消費者得請求損害額5倍以下之懲罰性賠償金；若因重大過失所致之損害，得請求損害額3倍以下之懲罰性賠償金；若因過失所致之損害，得請求損害額1倍以下之懲罰性

賠償金。也就是說政宇除了可請求賠償之外，因為速食店業者的重大過失或過失，還可以請求損害額3倍或1倍以下的懲罰性賠償金。

律師叮嚀：

一、意外發生後，政宇除了可以依上述規定求償，本案例中速食店業者也可能涉及過失傷害罪，政宇依法可以在6個月內對速食店業者提出刑事告訴，最高可處1年有期徒刑，若致重傷時，最高可處3年有期徒刑。。

二、但建議先別急著對業者提告，因為一般店家像是案例中知名連鎖速食店都會投保公共意外責任險，政宇可以考慮先與店家試著進行和解，或是向政府所成立的消費者服務中心提出申訴；也可以到案發所在地的市公所調解委員會聲請調解。若是雙方意見未能達成共識，此時就可以向派出所報案或是向地檢署提告過失傷害。

參考法條

消費者保護法第7條：「從事設計、生產、製造商品或提供服務之企業經營者，於提供商品流通進入市場，或提供服務時，應確保該商品或服務，符合當時科技或專業水準可合理期待之安全性。商品或服務具有危害消費者生命、身體、健康、財產之可能者，應於明顯處為警告標示及緊急處理危險之方法。企業經營者違反前2項規定，致生損害於消費者或第三人時，應負連帶賠償責任。但企業經營者能證明其無過失者，法院得減輕其賠償責任。」

消費者保護法第51條：「依本法所提之訴訟，因企業經營者之故意所致之損害，消費者得請求損害額5倍以下之懲罰性賠償金；但因重大過失所致之損害，得請求3倍以下之懲罰性賠償金，因過失所致之損害，得請求損害額1倍以下之懲罰性賠償金。」

民法第193條：「不法侵害他人之身體或健康者，對於被害人因此喪失或減少勞動能力或增加生活上之需要時，應負損害賠償責任。前項損害賠償，法院得因當事人之聲請，定為支付定期金。但須命加害人提出擔保。」

民法第195條：「不法侵害他人之身體、健康、名譽、自由、信用、隱私、貞操，或不法侵害其他人格法益而情節重大者，被害人雖非財產上之損害，亦得請求賠償相當之金額。其名譽被侵害者，並得請求回復名譽之適當處分。前項請求權，不得讓與或繼承。但以金額賠償之請求權已依契約承諾，或已起訴者，不在此限。前2項規定，於不法侵害他人基於父、母、子、女或配偶關係之身分法益而情節重大者，準用之。」

刑法第284條：「因過失傷害人者，處1年以下有期徒刑、拘役或10萬元以下罰金，致重傷者，處3年以下有期徒刑、拘役或30萬以下罰金。」

31 上網買東西可以無條件退貨嗎？

夏天快到了，玉娟總是喜歡在炎炎夏日到海邊玩水拍照，所以當她在網路商店的型錄上看到一款高畫質的防水相機，外型輕巧美觀又號稱可以下水拍攝海底美景，讓她非常心動，馬上下標訂購這台防水相機。玉娟一拿到該台防水相機便迫不及待地拆封試用，沒想到只是將相機拿到裝滿水的浴缸中拍攝，才一開機在按下快門的瞬間就故障且無法使用，請問玉娟是否可以向賣家要求退貨？

▍呂律師這樣說

現代人生活忙碌，已經不想拖著疲倦的身子出門購物，又加上網路科技的發達，當網路通路推出更多能滿足消費者便利、便宜、有趣的需求商品時，消費者就會到網路上購物，所以網上購物已經是現在買賣商品的主要方式之一。但網路上的商品只能憑著圖片和文字介紹，消費者往往無法眼見為憑，所以當收到購買的商品後，常常會發現與原先的認知或期待有所不同而衍生糾紛。那麼像玉娟這樣收到網路交易的防水相機後，可否退貨呢？

依照消費者保護法的規定，所謂通訊交易是指企業經營者以廣播、電視、電話、傳真、型錄、報紙、雜誌、網際網路、傳單或其他類似之方

法，消費者於未能檢視商品或服務下而與企業經營者所訂立之契約，所以玉娟上網看型錄而決定購買防水相機的行為便是通訊交易。

通訊交易的消費者，對收到的商品或接受服務不願接受時，可以在收到商品或接受服務後7日內，無須說明任何理由及負擔任何費用或對價以退回商品或書面通知方式解除契約。但有例外情形，如通訊交易之商品或服務有下列情形之一，並經企業經營者告知消費者，則可排除上述消費者的解除權：一、易於腐敗、保存期限較短或解約時即將逾期。二、依消費者要求所為之客製化給付。三、報紙、期刊或雜誌。四、經消費者拆封之影音商品或電腦軟體。五、非以有形媒介提供之數位內容或一經提供即為完成之線上服務，經消費者事先同意始提供。六、已拆封之個人衛生用品。七、國際航空客運服務。此外，通訊交易經中央主管機關公告其定型化契約應記載及不得記載事項者，如藝文展覽票券、藝文表演票券、線上遊戲、公路汽車客運業旅客運送、國內線航空乘客運送、國內（外）旅遊、觀光旅館業與旅館業及民宿個別旅客直接訂房等契約，適用該事項關於解除契約之規定。

因為消費者保護法所規範的是「企業經營者」與消費者之間的關係，網路拍賣有的並非以企業經營者為主體的買賣，例如，一些家庭主婦將

家中已用不到的嬰幼兒衣服、嬰兒車等上網拍賣，並非以上述物品之銷售作為營業，所以在網上向這些人買受商品，就無適用上述7日內無條件退貨等規定。一般而言，如果商家交易的數量非常龐大或者同款式商品有不同SIZE與多數存貨時，就可以認定銷售者為企業經營者，即便是個人而不是公司，也是企業經營者。

案例中玉娟只要在收到防水相機7日內，退回商品或以書面方式通知賣家解除該契約，以維護自己應有的權益。當然，除了注意要在7日內主張外，最好以寄發存證信函的方式，表示解除契約之意思表示以備將來證明之用，收件回執也要收好以證明商家確實有收到。

若有任何消費糾紛，可以撥打全國消費者服務專線1950，就會直接轉接至所在地縣市政府消費者服務中心，向各地方政府消費者服務中心申訴或至1950.gov.tw網站線上申訴，保障自身權益。

律師叮嚀：

一、有的網購業者常常會讓購買者點選契約條款，有點選才可以下單，然而許多定型化契約條款會約定「貨物出門，概不退還」、「只能在3日內退貨」、「退貨要自行負擔郵費及運費」、

「退貨要收取售價10%的手續費」，若買家有爭執，商家便主張當初購買時有點選同意為由拒絕無條件退貨，關此，消費者保護法有規定，縱使當初買家有同意，但因上述約定違反法律的規定，所以縱使雙方同意還是無效。

二、還有一些網購業者會主張，雖然是網上購物，但卻為貨到付款，既然是看到東西覺得滿意才付款，那應該就不是消費者保護法所稱之郵購買賣云云。郵購買賣所保護的是未能檢視商品而下單的買賣，當消費者在網上看型錄而下單的同時就成立買賣契約，也就受到消費者保護法郵購買賣的保障，與付款方式無關。

三、上述有關7日之內可以退貨的規定，除了通訊交易之外，訪問交易也可以適用，所謂訪問交易是指企業經營者未經邀約而與消費者在其住居所、工作場所、公共場所或其他場所所訂立之契約。例如，推銷員未經邀約至住家或辦公室推銷產品、在公共場所有推銷員隨機兜售產品等。

四、若企業經營者於消費者收受商品或接受服務時，並未依照消費

者保護法的規定提供消費者解除契約的相關資訊時，則上述7日期間自提供之次日起算，就不是從收受商品或揭示服務後起算，但是收受商品或接受服務後已超過4個月時，消費者的解除權仍然消滅。

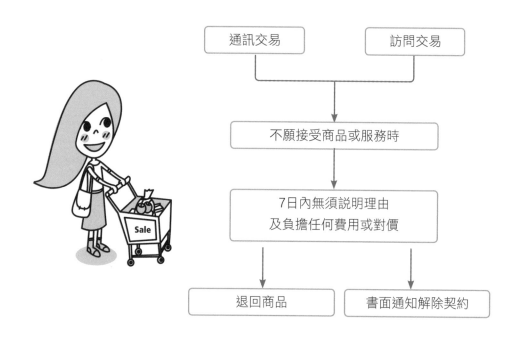

參考法條

消費者保護法第18條：「企業經營者以通訊交易或訪問交易方式訂立契約時，應將下列資訊以清楚易懂之文句記載於書面，提供消費者：一、企業經營者之名稱、代表人、事務所或營業所及電話或電子郵件等消費者得迅速有效聯絡之通訊資料。二、商品或服務之內容、對價、付款期日及方式、交付期日及方式。三、消費者依第19條規定解除契約之行使期限及方式。四、商品或服務依第19條第2項規定排除第19條第1項解除權之適用。五、消費申訴之受理方式。六、其他中央主管機關公告之事項。經由網際網路所為之通訊交易，前項應提供之資訊應以可供消費者完整查閱、儲存之電子方式為之。」

消費者保護法第19條：「通訊交易或訪問交易之消費者，得於收受商品或接受服務後7日內，以退回商品或書面通知方式解除契約，無須說明理由及負擔任何費用或對價。但通訊交易有合理例外情事者，不在此限。前項但書合理例外情事，由行政院定之。企業經營者於消費者收受商品或接受服務時，未依前條第1項第3款規定提供消費者解除契約相關資訊者，第1項7日期間自提供之次日起算。但自第1項7日期間起算，已逾4個月者，解除權消滅。消費者於第1項及第3項所定期間內，已交運商品或發出書面者，契約視為解除。通訊交易或訪問交易違反本條規定所為之約定，其約定無效。」

通訊交易解除權合理例外情事適用準則第2條：「本法第19條第1項但書所稱合理例外情事，指通訊交易之商品或服務有下列情形之一，並經企業經營者告知消費者，將排除本法第19條第1項解除權之適用：一、易於腐敗、保存期限較短或解約時即將逾期。二、依消費者要求所為之客製化給付。三、報紙、期刊或雜誌。四、經消費者拆封之影音商品或電腦軟體。五、非以有形媒介提供之數位內容或一經提供即為完成之線上服務，經消費者事先同意始提供。六、已拆封之個人衛生用品。七、國際航空客運服務。」

通訊交易解除權合理例外情事適用準則第3條：「通訊交易，經中央主管機關依本法第17條第1項公告其定型化契約應記載及不得記載事項者，適用該事項關於解除契約之規定。」

32 禮券過期還可以使用嗎？

　　去年尾牙，小妍很開心地收到公司贈送某知名百貨公司所發行的禮券。最近，家裡剛好正在裝修，更換了許多家具用品，便想要使用之前收到的百貨公司禮券，沒想到在消費時，服務人員卻告知：「禮券已超過有效期限，且印有『逾期無效』字樣，所以不能使用。」請問業者只要在禮券上記載「逾期無效」，就可拒絕消費者使用嗎？

▎呂律師這樣說

　　上述的案例，是我們常會遇到的情形，消費者往往想要使用禮券時，才發現已超過上面記載的使用期限。業者通常會主張已在禮券上註明使用期限，客戶既然願意購買，就表示同意該期限，如果未於期限內使用，是客戶自己放棄權益云云。但業者這樣的說法是否於法有據呢？

　　消費者保護法規定，中央主管機關得選擇特定行業，擬定其定型化契約應記載或不得記載事項，報請行政院核定後公告之，違反上述公告之定型化契約時，其定型化契約條款無效，上述公告應記載之事項，雖未記載於定型化契約，仍構成契約之內容。據此，經濟部公告零售業等商品（服務）禮券定型化契約不得記載事項規定如下：

一、不得記載使用期限。

二、不得記載「未使用完之禮券餘額不得消費」。

三、不得記載免除交付商品或提供服務義務，或另行加收其他費用。

四、不得記載限制使用地點、範圍、截角無效等不合理之使用限制。

五、不得記載發行人得片面解約之條款。

六、不得記載預先免除發行人故意或重大過失責任。

七、不得記載違反其他法律強制禁止規定或為顯失公平或欺罔之事項。

八、不得記載廣告僅供參考。

九、不得記載無實際提供商品（服務）者為禮券發行人。

依據上述不得記載事項規定，禮券不可訂使用期限，故當所持禮券上有註明期限，並印有「逾期無效」字樣，並不影響消費者使用權益，該使用期限的記載，因違反上述禮券不得記載事項而無效。消費者仍可持該禮券消費，不受禮券上期限之限制，業者不得拒絕消費者使用。再者，禮券是消費者用現金向業者購買，出示禮券就等同於出示現金一樣，自不應該有規定期限之限制，其實，對於業者來說，等於是未銷售

商品前就先預收款項，更不應對消費者刁難，以免有失公允。所以案例中，小妍的禮券上雖載明註明期限，並印有「逾期無效」字樣，並不影響其使用的權益，小妍仍可持該禮券在百貨公司消費，不受禮券上期限的限制，百貨公司也不得以期限已過拒絕服務。

律師叮嚀：

　　於審議上述禮券規範時，因考量「禮券」係由民眾、公司等支出一定之「價金」取得而再贈與他人或自行使用，與百貨公司或商場為促銷，以「買千送百」或其他類似方式不同。贈送給消費者的折價優惠券，消費者並未支付任何禮券的對價，屬於發行人無償發行的抵用券，與禮券本質有所差異。故上述零售業等商品（服務）禮券定型化契約應記載及不得記載事項規定，並不包括發行人無償發行之抵用券、折扣（價）券。亦即，如果需支付一定之價金而取得之票券，即屬禮券，應受禮券之規範，反之，則否。故消費者無償取得之票券，尚無禮券定型化契約應記載及不得記載事項之適用，禮券發行人不但可不建立履約保證機制，亦可記載使用期限，所以消費者務必於業者標示的有效期限內儘快使用。

NT$**1000**

商品禮券

無效
記載有效期限

新臺幣壹仟元
有效期限民國103年12月31日

滿千送百 NT$**100**

折價券

有效
記載有效期限

新臺幣壹佰元
有效期限民國103年12月31日

參考法條

消費者保護法第17條：「中央主管機關為預防消費糾紛，保護消費者權益，促進定型化契約之公平化，得選擇特定行業，擬訂其定型化契約應記載或不得記載之事項，報請行政院核定後公告之。前項應記載事項，依契約之性質及目的，其內容得包括：一、契約之重要權利義務事項。二、違反契約之法律效果。三、預付型交易之履約擔保。四、契約之解除權、終止權及其法律效果。五、其他與契約履行有關之事項。第1項不得記載事項，依契約之性質及目的，其內容得包括：一、企業經營者保留契約內容或期限之變更權或解釋權。二、限制或免除企業經營者之義務或責任。三、限制或剝奪消費者行使權利，加重消費者之義務或責任。四、其他對消費者顯失公平事項。違反第1項公告之定型化契約，其定型化契約條款無效。該定型化契約之效力，依前條規定定之。中央主管機關公告應記載之事項，雖未記載於定型化契約，仍構成契約之內容。企業經營者使用定型化契約者，主管機關得隨時派員查核。」

這樣也犯法嗎？！
七、有關網路的生活法律問題

33 有人在網路上誹謗我，怎麼辦？

　　曉莉剛從知名大學外文系畢業，馬上就到外商公司擔任總經理的機要秘書，平常潔身自好。公司業務經理國強見曉莉面貌姣好、身材曼妙且善解人意，便對曉莉大力追求，但曉莉早已名花有主，因此對其不理不睬，國強氣憤之餘，便在公開的Facebook動態消息寫上：「曉莉，妳以為妳是什麼東西！追妳是給妳面子，沒想到給臉卻不要臉，妳跟總經理上床眾人皆知，也跟其他男同事有一腿，性關係錯綜複雜，不過是臭婊子、妓女而已，還自以為是聖女貞德，真是噁心。」公司同事看到之後，紛紛在曉莉背後指指點點，可惡的是，國強還擺出一副沾沾自喜的樣子，令曉莉非常氣憤，請問曉莉如何依法律途徑救濟呢？

▍呂律師這樣說

　　在交友軟體上留言已是現代人際交往的重要途徑，但因網路無遠弗屆，相較於一對一的人際溝通，影響力不可同日而語，留言不當對於個人名譽的殺傷力更是難以想像，很多人逞一時之快，卻不知已經觸法且傷害別人。

　　憲法雖明文保障言論自由，但卻非毫無限制，如刑法便有公然

侮辱罪、誹謗罪的規定以保障人格權，尤其是名譽權。如果對特定人或可得推知的人，而在不特定人或特定多數人得以共見共聞之狀態，以言語、文字或舉動侮辱時，將構成公然侮辱罪，什麼是可得推知的人呢？例如，若上述案例國強在PO中並未指明曉莉，但稱總經理的機要秘書，公司同事看了當然都知道是在講曉莉，也會構成公然侮辱罪；若有散布於眾的意圖，而指摘或傳述足以毀損他人名譽的事情時，將構成誹謗罪，但對於所誹謗之事能證明為真實者不罰，不過若僅僅涉於私德而與公共利益無關者不在此限，因曉莉是否性生活複雜與公共利益無關，況曉莉潔身自好也無國強所指摘之事！公然侮辱罪是針對抽象的評價而言，誹謗罪則指具體事件的敘述，兩者截然不同。

國強在Facebook上的貼文中已指名道姓是曉莉，且是公開的方式PO文，而「什麼東西」、「不要臉」、「臭婊子」、「妓女」等不雅用語，依一般人的想法應已構成侮辱而對曉莉的名譽權有所減損，所以已經構成公然侮辱罪。另一方面，貼文中稱：「妳跟總經理上床眾人皆知，也跟其他男同事有一腿，性關係錯綜複雜」乃不實事件的指摘與傳述，這部分則又構成誹謗罪。所以曉莉可以針對國強在Facebook不法貼文的行為提出刑事告訴，但因兩罪都是告訴乃論之罪，故應該在知悉國強

有貼文之時起，在6個月內要提出，否則告訴權會消滅。

除了刑事告訴以外，曉莉也可以對國強提出民事請求，可以請求財產上及非財產上的損害賠償，除此之外還可以請求回復名譽的適當處分，例如可以請求國強在Facebook上公開道歉等。

律師叮嚀：

一、所謂公然侮辱並不以言詞、文字為限，若有侮辱之舉動亦會構成本罪，例如當眾打人耳光、潑人糞水、以強暴拉人褲裙而使其脫落等等，不僅如此，一般公然侮辱罪，僅處拘役或9,000元以下罰金，若以強暴為之時，最高可處1年有期徒刑。

二、被害人對於別人在網路上公然侮辱或誹謗的行為，若想要提出刑事告訴便要注意蒐證的問題，有時看了很生氣，但過幾天可能就被貼文者刪除，此時便難以蒐證。實務上，被害人可以至民間公證人事務所，請求公證網頁的內容以當作證據。

三、關於誹謗的內容，若貼文者是（一）因為自衛、自辯或保護自

己合法利益；（二）公務員因職務而報告；（三）對於可受公評之事而為適當之評論；（四）對於中央及地方之會議或法院公眾集會之記事而為適當之載述。有上述情形時並不處罰。

網路上不當言論的救濟

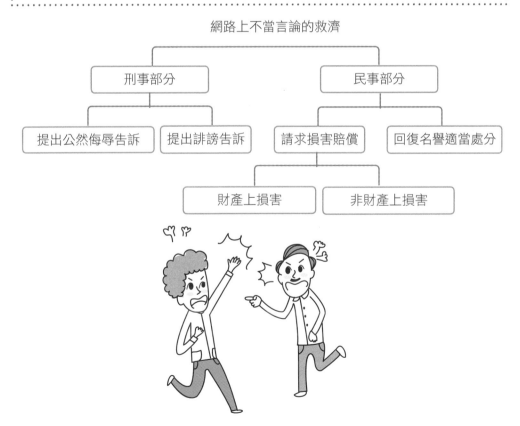

參考法條

刑法第309條：「公然侮辱人者，處拘役或9,000元以下罰金。以強暴犯前項之罪者，處1年以下有期徒刑、拘役或15,000元以下罰金。」

刑法第310條：「意圖散布於眾，而指摘或傳述足以毀損他人名譽之事者，為誹謗罪，處1年以下有期徒刑、拘役或15,000元以下罰金。散布文字、圖畫犯前項之罪者，處2年以下有期徒刑、拘役或30,000元以下罰金。對於所誹謗之事，能證明其為真實者，不罰。但涉於私德而與公共利益無關者，不在此限。」

刑法第311條：「以善意發表言論，而有左列情形之一者，不罰：一、因自衛、自辯或保護合法之利益者。二、公務員因職務而報告者。三、對於可受公評之事，而為適當之評論者。四、對於中央及地方之會議或法院或公眾集會之記事，而為適當之載述者。」

34 下載MP3音樂會犯法嗎？

　　小康最近看到電視常播放某首最新流行歌曲，覺得非常好聽，就在家上網搜尋該首歌，找到一個名為阿翰所架設的「好聽音樂網」。阿翰常常將最新的流行歌曲以MP3的格式上傳到該網站上，專門提供網友免費下載使用。小康一看到有他喜歡的歌曲，馬上從阿翰的網站上下載至到自己的電腦裡，請問小康的行為是否有侵害他人的著作財產權呢？

▋ 呂律師這樣說

　　MP3是一種運用音訊資料壓縮技術所製作出來的數位檔案，其熱門的因素是以高效益、低成本的方式傳遞音樂，即使音樂經過無數次的複製，也可以近似於原音的方式重現。隨著網際網路的興起，因為快速傳輸的網路科技，更加讓音樂的傳播無遠弗屆。

　　下載MP3音樂檔案儲存在個人的電腦中是否侵害他人的著作權，主要的焦點在於下載所伴隨的重製行為，有沒有屬於著作權法所規定的合理使用範圍內。所謂重製，依著作權法規定，是指以印刷、複印、錄音、錄影、攝影、筆錄或其他方法直接、間接、永久或暫時之重複製作。所以，將著作從網站上予以下載的行為，應為著作權法上所定義的「重製」。

然而，並不是所有重製行為都會違反著作權法，如果事先取得權利人的授權，或是在符合著作權法特別規定的情形下，重製行為並不會當然違法。案例中，小康到阿翰的網站上將流行音樂下載至到自己的電腦裡，係屬重製該音樂著作，小康是否侵害該音樂權利人的著作，應視其於下載時，是否有侵害的故意以及有無合理使用範圍而定。

　　關於重製的合理使用，著作權法規定，供個人或家庭為非營利之目的，在合理範圍內，得利用圖書館及非供公眾使用之機器重製已公開發表之著作，因此，若符合上述「合理使用」的要件，就不構成著作財產權的侵害。在具體判斷「合理範圍」時要審酌一切情狀，尤應以下列事項做為判斷的基準：

　　一、利用之目的及性質，包括係為商業目的或非營利教育目的。

　　二、著作之性質。

　　三、所利用之質量及其在整個著作所占之比例。

　　四、利用結果對著作潛在市場與現在價值之影響。

　　因此，如果小康僅就網站上的MP3音樂少量的下載，僅單純作為個

人使用，並未對音樂產品市場銷售情形造成不良影響，依上述判斷基準考量，筆者認為小康的行為應構成合理使用而未違法，但是下載是為了做成光碟販售，或下載後做成光碟大量散布、交換或將音樂大量寄給朋友，將涉嫌違法重製罪。另外，案例中的阿翰未經授權將其錄音著作以MP3格式上傳至網站上，亦自屬侵害原音樂著作權人的重製權及公開傳輸權，阿翰上傳音樂並公開傳輸的行為，則涉嫌違法重製罪與違法公開傳輸罪。

律師叮嚀：

　　若小康下載流行音樂並製作成光碟販售時，在刑法上構成違法用光碟重製罪，屬於公訴罪，最高可處5年有期徒刑，併科新臺幣500萬元罰金；在民事上，小康應負損害賠償責任，被害人若不易證明實際損害額時，得請求法院依侵害情節，在新臺幣1萬元以上100萬元以下酌定賠償額。如損害行為屬故意且情節重大者，賠償額得增至新臺幣500萬元。

合理重製著作的要件

供個人或家庭為非營利的目的

在合理範圍內

利用圖書館及非供公眾使用的機器

已公開發表的著作

參考法條

著作權法第51條：「供個人或家庭為非營利之目的，在合理範圍內，得利用圖書館及非供公眾使用之機器重製已公開發表之著作。」

著作權法第65條：「著作之合理使用，不構成著作財產權之侵害。著作之利用是否合於第44條至第63條所定之合理範圍或其他合理使用之情形，應審酌一切情狀，尤應注意下列事項，以為判斷之基準：一、利用之目的及性質，包括係為商業目的或非營利教育目的。二、著作之性質。三、所利用之質量及其在整個著作所占之比例。四、利用結果對著作潛在市場與現在價值之影響。著作權人團體與利用人團體就著作之合理使用範圍達成協議者，得為前項判斷之參考。前項協議過程中，得諮詢著作權專責機關之意見。」

著作權法第88條：「因故意或過失不法侵害他人之著作財產權或製版權者，負損害賠償責任。數人共同不法侵害者，連帶負賠償責任。前項損害賠償，被害人得依下列規定擇一請求：一、依民法第216條之規定請求。但被害人不能證明其損害時，得以其行使權利依通常情形可得預期之利益，減除被侵害後行使同一權利所得利益之差額，為其所受損害。二、請求侵害人因侵害行為所得之利益。但侵害人不能證明其成本或必要費用時，以其侵害行為所得之全部收入，為其所得利益。依前項規定，如被害人不易證明其實際損害額，得請求法院依侵害情節，在新臺幣1萬元以上100萬元以下酌定賠償額。如損害行為屬故意且情節重大者，賠償額得增至新臺幣500萬元。」

著作權法第91條：「擅自以重製之方法侵害他人之著作財產權者，處3年以下有期徒刑、拘役，或科或併科新臺幣75萬元以下罰金。意圖銷售或出租而擅自以重製之方法侵害他人之著作財產權者，處6月以上5年以下有期徒刑，得併科新臺幣20萬元以上200萬元以下罰金。以重製於光碟之方法犯前項之罪者，處6月以上5年以下有期徒刑，得併科新臺幣50萬元以上500萬元以下罰金。著作僅供個人參考或合理使用者，不構成著作權侵害。」

著作權法第92條：「擅自以公開口述、公開播送、公開上映、公開演出、公開傳輸、公開展示、改作、編輯、出租之方法侵害他人之著作財產權者，處3年以下有期徒刑、拘役，或科或併科新臺幣75萬元以下罰金。」

35 我的個人資料被廠商賣掉了，怎麼辦？我可以把和朋友的合照PO上網嗎？

春嬌在去年底邀同她的眾多好友前去百貨公司週年慶血拼，百貨公司為慶祝開幕10週年而舉辦抽獎活動，只要消費者消費1,000元以上，就可以取得抽獎券一張，填寫姓名、出生年月日、身分證字號及手機號碼後就可以參加抽獎。春嬌一口氣就填了50張抽獎券，為了紀念採購輝煌戰績，貴婦團便在百貨公司門口合照。嗣後，春嬌將照片PO在Facebook上供瀏覽，有沒有違反個人資料保護法的相關規定？另外，若百貨公司將消費者的抽獎券賣給詐騙集團，導致春嬌被詐騙受害時，可以向百貨公司請求賠償嗎？百貨公司或其員工會有刑事責任或被主管機關處罰嗎？

▍呂律師這樣說

現代社會生活與網路運作息息相關，一般人幾乎沒有辦法一天不上網，從而許多網路聯誼軟體如Facebook、Line、Wechat等已變成大家聯繫的主要方式，社交照片的上傳，更是聯絡的主要內容，個人資料保護法剛剛在民國101年10月開始施行，照片上若有個人的肖像則會涉及到個人

資料保護的問題，那麼將社交照片PO上網，會不會違反個人資料保護法呢？

春嬌把和貴婦團的合照PO在Facebook上的行為，如果是屬於單純基於社交活動或家庭生活的目的而為，因為是屬於私生活目的所為，與職業或業務執掌沒有關係，若納入法律規範，將嚴重造成民眾生活不便，因此不適用個人資料保護法的相關規定。

依照個人資料保護法的規定，百貨公司在消費者填寫相關個人資料的時候，就必須要告知包括蒐集目的（即抽獎活動）、個人資料利用的時間、方式、對象等在內的各種事項，並於抽獎活動結束之後，就應該主動或應消費者請求刪除、停止處理或利用個人資料，但案例中，百貨公司不僅未停止利用甚至還將抽獎券賣給詐騙集團而使春嬌受騙上當，此時春嬌可以向百貨公司請求財產上所受實際被詐騙的損失，還可以請求非財產上（即精神上）之損害，但春嬌應該在其知道被詐騙集團詐害時起2年內向百貨公司提出損害賠償請求，若時間超過，百貨公司可以拒絕賠償。

另外，百貨公司違反當初抽獎的目的而把抽獎券賣給詐騙集團並使春嬌受有損害，依照個人資料保護法的規定，百貨公司相關人將觸犯意圖

營利違法利用個人資料罪，最高可處5年有期徒刑併科新臺幣100萬元罰金，春嬌可向地檢署提告或向地方法院提起自訴。另外，春嬌受有隱私權的侵害，也可以依法向百貨公司求償所受的損害。

　　個人資料的保護是多方面的，春嬌除了可以運用上述民刑事請求的途徑外，行政主管機關也有監督個人資料保護的權責，若百貨公司有上述盜賣抽獎券的情事，性質上屬於違法利用個人資料的行為，行政主管機關可以對百貨公司處新臺幣5萬元以上50萬元以下罰鍰，並令其限期改正，若屆期未改正，還可以按次處罰之，不僅如此，百貨公司的代表人、管理人或其他有代表權的人，除能證明已盡防止盜賣之義務外，也要與百貨公司並受同一額度罰鍰之處罰。

律師叮嚀：

一、在實務上，民眾有時很難舉證個人資料被侵害時遭受如何具體之損害，例如上述百貨公司就抽獎券的保管有疏失，而讓抽獎券散落於大街上，尚未有人做不法之利用時，就很難舉證損害。不過，依個人資料保護法的規定，若被害人不易或不能證明其實際損害額時，得請求法院依照侵害情節，以每人每一事件新臺幣500元以上2萬元以下計算。

二、雖然剛才講到在網路聯誼軟體上傳照片，只要是單純基於社交之目的，原則上並無個人資料保護法的適用，但是並不代表絕對合法，如果依具體登載情節，有侵害名譽權、肖像權情事時，被害人還是可以依照民法相關規定請求損害賠償。

三、目前金控公司利用個人資料交叉行銷的情事層出不窮，大家常常都會收到許多行銷金融商品的書面或電子郵件的廣告信函，有時讓我們不勝其擾，不管您之前是否有同意其運用所留存之個人資料行銷，依照個人資料保護法的規定，您都可以向發信者表示拒絕接受行銷，該發信者依法即必須停止利用您的個人資料行銷。

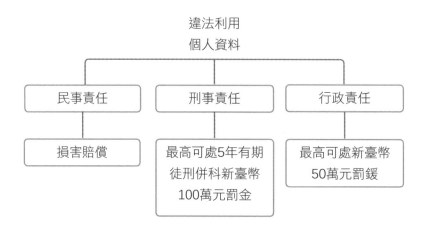

違法利用
個人資料

民事責任 — 損害賠償

刑事責任 — 最高可處5年有期
徒刑併科新臺幣
100萬元罰金

行政責任 — 最高可處新臺幣
50萬元罰鍰

抽獎箱

參考法條

個人資料保護法第8條：「公務機關或非公務機關依第15條或第19條規定向當事人蒐集個人資料時，應明確告知當事人下列事項：一、公務機關或非公務機關名稱。二、蒐集之目的。三、個人資料之類別。四、個人資料利用之期間、地區、對象及方式。五、當事人依第3條規定得行使之權利及方式。六、當事人得自由選擇提供個人資料時，不提供將對其權益之影響。有下列情形之一者，得免為前項之告知：一、依法律規定得免告知。二、個人資料之蒐集係公務機關執行法定職務或非公務機關履行法定義務所必要。三、告知將妨害公務機關執行法定職務。四、告知將妨害公共利益。五、當事人明知應告知之內容。六、個人資料之蒐集非基於營利之目的，且對當事人顯無不利之影響。」

個人資料保護法第19條：「非公務機關對個人資料之蒐集或處理，除第6條第1項所規定資料外，應有特定目的，並符合下列情形之一者：一、法律明文規定。二、與當事人有契約或類似契約之關係，且已採取適當之安全措施。三、當事人自行公開或其他已合法公開之個人資料。四、學術研究機構基於公共利益為統計或學術研究而有必要，且資料經過提供者處理後或經蒐集者依其揭露方式無從識別特定之當事人。五、經當事人同意。六、為增進公共利益所必要。七、個人資料取自於一般可得之來源。但當事人對該資料之禁止處理或利用，顯有更值得保護之重大利益者，不在此限。八、對當事人權益無侵害。蒐集或處理者知悉或經當事人通知依前項第7款但書規定禁止對該資料之處理或利用時，應主動或依當事人之請求，刪除、停止處理或利用該個人資料。」

個人資料保護法第20條：「非公務機關對個人資料之利用，除第6條第1項所規定資料外，應於蒐集之特定目的必要範圍內為之。但有下列情形之一者，得為特定目的外之利用：一、法律明文規定。二、為增進公共利益所必要。三、為免除當事人之生命、身體、自由或財產上之危險。四、為防止他人權益之重大危害。五、公務機關或學術研究機構基於公共利益為統計或學術研究而有必要，且資料經過提供者處理後或經蒐集者依其揭露方式無從識別特定之當事人。六、經當事人同意。七、有利於當事人權益。非公務機關依前項規定利用個人資料行銷者，當事人表示拒絕接受行銷時，應即停止利用其個人資料行銷。非公務機關於首次行銷時，應提供當事人表示拒絕接受行銷之方式，並支付所需費用。」

個人資料保護法第28條：「公務機關違反本法規定，致個人資料遭不法蒐集、處理、利用或其他侵害當事人權利者，負損害賠償責任。但損害因天災、事變或其他不可抗力所致者，不在此限。被害人雖非財產上之損害，亦得請求賠償相當之金額；其名譽被侵害者，並得請求為回復名譽之適當處分。依前2項情形，如被害人不易或不能證明其實際損害額時，得請求法院依侵害情節，以每人每一事件新臺幣500元以上2萬元以下計算。對於同一原因事實造成多數當事人權利受侵害之事件，經當事人請求損害賠償者，其合計最高總額以新臺幣2億元為限。但因該原因事實所涉利益超過新臺幣2億元者，以該所涉利益為限。同一原因事實造成之損害總額逾前項金額時，被害人所受賠償金額，不受第3項所定每人每一事件最低賠償金額新臺幣500元之限制。第2項請求權，不得讓與或繼承。但以金額賠償之請求權已依契約承諾或已起訴者，不在此限。」

個人資料保護法第41條：「意圖為自己或第三人不法之利益或損害他人之利益，而違反第6條第1項、第15條、第16條、第19條、第20條第1項規定，或中央目的事業主管機關依第21條限制國際傳輸之命令或處分，足生損害於他人者，處5年以下有期徒刑，得併科新臺幣100萬元以下罰金。」

個人資料保護法第47條：「非公務機關有下列情事之一者，由中央目的事業主管機關或直轄市、縣（市）政府處新臺幣5萬元以上50萬元以下罰鍰，並令限期改正，屆期未改正者，按次處罰之：一、違反第6條第1項規定。二、違反第19條規定。三、違反第20條第1項規定。四、違反中央目的事業主管機關依第21條規定限制國際傳輸之命令或處分。」

個人資料保護法第51條：「有下列情形之一者，不適用本法規定：一、自然人為單純個人或家庭活動之目的，而蒐集、處理或利用個人資料。二、於公開場所或公開活動中所蒐集、處理或利用之未與其他個人資料結合之影音資料。公務機關及非公務機關，在中華民國領域外對中華民國人民個人資料蒐集、處理或利用者，亦適用本法。」

出車禍誰的錯？！
八、有關交通的生活法律問題

36 發生車禍，在現場該怎麼辦？

　　美鳳眼眶泛紅開著車，滿臉的委屈溢於言表，今晚男友國強攤牌要與她分手，美鳳之前雖然知道國強另結新歡，但仍百般挽回，不料，落花有意流水無情，美鳳不願苦苦糾纏，最後還是同意分手，只好強忍著淚水沿著忠孝東路開車回家，沒想到行經頂好商圈附近，忽然有一台機車從閃黃燈的路口巷子中竄出，美鳳閃避不及，那台機車便攔腰撞上美鳳自小客車副駕駛座車門，美鳳雖然全身無恙但飽受驚嚇，然機車騎士卻已倒地呻吟，請問美鳳此時該如何處理以確保其應有權益？

▋ 呂律師這樣說

　　我不撞人，別人卻可能撞我。如果不幸像美鳳一樣發生交通事故，除了先顧及是否危及生命以爭取獲救的生機外，美鳳應該如何保障自己的權益呢？首先要保持現場現狀、讓對方人車留下來並留下相關聯絡方式及車籍資料、馬上聯絡警察前來處理、實地記錄現場環境（如現場拍照、錄影或留下行車紀錄器影像）、留下現場證人的資料與聯絡方式，才能在車禍發生後釐清肇事原因及責任。

　　依案例所示，車禍事故的發生讓美鳳是有驚無險，美鳳應記住對方

車號、車種、顏色、再來是打110電話向警察局勤務中心報案並說清楚事故地點，若美鳳有投保相關保險的話，也要趕快請承辦人員前往現場協助，在警務人員還沒有到達現場前，切勿破壞現場的完整，並即時拍照、錄影等。不管是誰的錯，美鳳都應該趕快打119請救護車前來處理，在機車騎士送醫前，應想辦法將其倒地的位置、頭腳朝向、俯仰面向及其他肢體呈現方式在現場標記清楚。

接下來處理車禍現場的警察會製作現場圖及交通事故調查報告表，並且拍照存證，如車子的撞擊點、刮痕、剎車痕、玻璃碎片或其他物件灑落位置、遺留地面的油漬、血跡、交通標誌、路況、當時天候雙方的車型、車號、姓名地址等都是重要的拍攝對象，美鳳若認為有拍照疏漏的地方也應當場提醒警察補拍，最後會請雙方確認現場圖，並在現場圖上簽名，為了日後方便聯繫，美鳳應該記下處理員警姓名及所屬單位。

另外，美鳳可以在事故發生30日後向警察機關申請道路交通事故初步分析研判表，如果對於上述肇事責任研判有爭議時，原則上，可在事故發生當日起6個月內逕向發生地區行車事故鑑定委員會申請鑑定，若案件已進入司法程序，則由司法機關囑託鑑定，鑑定審查費新臺幣3,000元。報告中會指出，駕駛人對於事故有無過失及過失比例及肇事主因、

次因，不管在和解、調解或是訴訟上都會是重要的證據。美鳳可以填寫鑑定申請書、提供道路交通事故初步分析，研判表或當事人登記聯單、警察製作的現場圖與拍攝的事故照片，鑑定機關應於2個月內完成鑑定，對於鑑定意見有異議者可以申請覆議，對於覆議結果則不得再申請覆議。

律師叮嚀：

一、若不幸發生交通事故，應先沉著冷靜，切勿驚慌失措，在員警到達現場前，儘可能的尋求目擊證人（附近商家、路過行人等），以協助釐清車禍事故的發生，尤其雙方常會對發生事故時路口的交通燈號產生爭議，此外，也可以請警察調閱附近監視器的畫面以還原事實真相。

二、在員警到場處理時，肇事車輛如有ABS配備，應請處理人員註記，以供鑑定參考。若對方身上有酒氣，應請求承辦員警作酒精濃度測定，並註明事故發生時間及檢測時間。若肇事責任待查，處理人員暫扣駕（行）照或車輛時，應請求發給收據為憑。

三、事後，若因民事理賠需要，當事人（含家屬）或保險公司人員得

至處理單位，洽閱交通事故調查報告表、現場圖及現場照片，其中現場圖得影印攜回，處理機關不得拒絕，現場照片部分，處理機關得以複印或備份方式交付。

GO!

參考法條

道路交通事故處理辦法第13條：「道路交通事故案件當事人或利害關係人，得於下列期間向警察機關申請閱覽或提供相關資料：一、於事故現場得申請提供道路交通事故當事人登記聯單。二、於事故7日後得申請閱覽或提供現場圖、現場照片。三、於事故30日後得申請提供道路交通事故初步分析研判表。前項資料之閱覽應於警察機關之辦公處所為之，不得攜出或塗改增刪；警察機關得以複印或備份方式提供現場照片。申請提供資料所需費用，由申請人負擔。」

車輛行車事故鑑定及覆議作業辦法第3條：「鑑定委員會受理行車事故鑑定以經警察機關處理，並經行車事故當事人或其繼承人或法定代理人、車輛所有人申請，或經現場處理機關移送、司（軍）法機關囑託為限。但下列案件不予受理鑑定：一、鑑定案件進入司（軍）法機關訴訟程序中，且非經各該機關囑託者。二、當事人申請或警（憲）機關移送之案件距肇事日期逾6個月以上。但因天災或其他不可歸責之事由而遲誤該期限者，不在此限。三、非屬道路交通管理處罰條例第3條第1款所指道路範圍之行車事故案件。四、已鑑定之行車事故案件。」

車輛行車事故鑑定及覆議作業辦法第9條：「鑑定案件應自受理之翌日起2個月內鑑定完竣，並將鑑定意見書通知申請人或移送囑託機關，並以副本連同鑑定意見書抄送相關鑑定委員會各委員、憲警處理單位、各當事人及關係人。因特殊事故，未能於前項期限完成鑑定者，得予延長，延長以1次為限，最長不得超過2個月，並通知申請人、移送或囑託機關。前2項鑑定案件，如為偵查中案件，得依該管檢察官書面要求，不副知當事人及關係人。」

37 車禍發生後，如何請求民事賠償？

　　曉芳今年23歲剛從大學畢業，目前在台北市東區忠孝東路某餐廳擔任服務員的工作。某日晚上9點半曉芳從餐廳下班後便騎車回家，由東往西行經忠孝東路、建國北路十字路口時，恰有俊雄駕駛一台自小客車由北向南自建國北路高架橋下行紅燈違規右轉。俊雄一時不注意速度太快，便在路口從後方撞上曉芳機車的右後方，曉芳倒地後右手、右腳骨折、右側身體包括臉頰有多處挫傷，在醫生建議下休息半年始能開始上班，請問曉芳如何請求民事賠償？

▋ 呂律師這樣說

　　在處理車禍時，需要雙方拿出誠意，才能大事化小、小事化無，以盡快回復正常生活。然而曉芳因為俊雄撞傷的行為而導致肉體上、精神上的痛苦，曉芳要向俊雄請求賠償哪些呢？就民事侵權行為責任來看，賠償範圍分為財產上損害及非財產上損害，而非財產上損害的金額賠償就是所謂的精神慰撫金。

　　一般車禍所產生的民事賠償就財產上的損害，包含曉芳因骨折、挫傷所支出的醫療費用（如藥品費、檢驗費、門診費及診斷證明書費等）、增加生活上負擔之費用（如購買拐杖、輪椅等）、看護費用（包含家人

請假當看護也可以請求）、復健美容費用、向餐廳請假之工作收入損失、因就醫產生的交通費用（如行動不便需搭乘計程車等）、機車毀損的維修費（可以提供報價單或維修證明做參考），或因該車禍所產生的相關金錢損失或額外支出，曉芳均可以出示單據向俊雄請求賠償。

關於非財產上之損害，因精神上痛苦並非財產損失，純屬主觀性質，我國法院實務上就慰撫金核給之標準，認應斟酌當人雙方身分、地位、資歷、被害人所受之輕重、精神上痛苦程度、加害人加害態樣及其各種情形核定相當數額，所以曉芳因為被俊雄撞傷導致曉芳右手、右腳骨折及多處挫傷，可以向俊雄請求相當之金額。

曉芳可透過下列方式向俊雄請求賠償：

一、自行和解，但和解書並非可據以聲請強制執行之執行名義。

二、向鄉鎮市調解委員會申請調解，調解成立經法院核定後，與民事確定判決有同一之效力，可據以聲請強制執行。

三、向法院聲請對肇事者發支付命令，若肇事者收受後未於20日內提出異議，則可以支付命令提起確定證明書為執行名義聲請強制執行；若肇事者有異議，則支付命令之聲請視為起訴。

四、於起訴前向管轄法院聲請調解，調解成立與訴訟上和解有同一之效力，可以調解筆錄直接聲請強制執行。

五、向法院起訴請求，可以單獨向法院提起民事訴訟，或於刑事案件起訴後提起附帶民事訴訟。若蒙勝訴確定判決則可聲請強制執行。

六、訴訟上和解，在民事訴訟起訴後的審理期間，在法官面前成立和解，與民事確定判決有同一效力，可以和解筆錄直接聲請強制執行。

律師叮嚀：

一、車禍發生後，曉芳固然可以依照上述方法求償，但若考量到俊雄可能脫產，則曉芳可以考慮對俊雄的財產進行假扣押；另外，本案俊雄的行為也構成過失傷害罪，曉芳依法可以在6個月內對俊雄提出過失傷害罪的刑事告訴，俊雄或許會因此積極與曉芳進行和解以免除刑事處罰。

二、若和解約定的金額不大，被害人應盡量要求加害人1次給付，否則，將來還要靠法院強制執行，不免曠日費時。再者，和解之

後通常會撤回刑事告訴，一旦加害人不願意履行和解契約，則被害人將喪失刑事告訴的牽制。

GO!

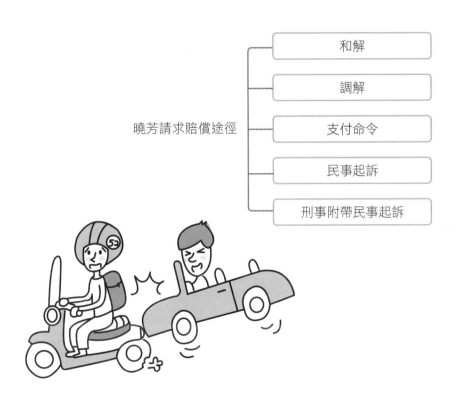

曉芳請求賠償途徑

- 和解
- 調解
- 支付命令
- 民事起訴
- 刑事附帶民事起訴

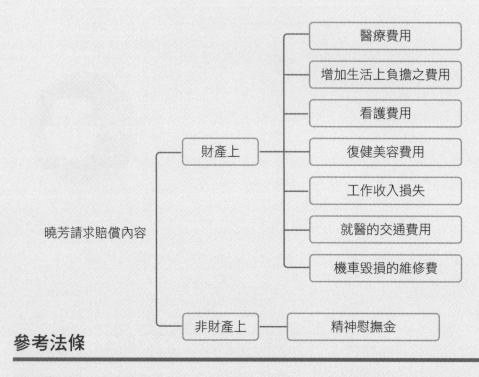

參考法條

民法第184條：「因故意或過失，不法侵害他人之權利者，負損害賠償責任。故意以背於善良風俗之方法，加損害於他人者亦同。違反保護他人之法律，致生損害於他人者，負賠償責任。但能證明其行為無過失者，不在此限。」

民法第193條：「不法侵害他人之身體或健康者，對於被害人因此喪失或減少勞動能力或增加生活上之需要時，應負損害賠償責任。前項損害賠償，法院得因當事人之聲請，定為支付定期金。但須命加害人提出擔保。」

民法第195條：「不法侵害他人之身體、健康、名譽、自由、信用、隱私、貞操，或不法侵害其他人格法益而情節重大者，被害人雖非財產上之損害，亦得請求賠償相當之金額。其名譽被侵害者，並得請求回復名譽之適當處分。前項請求權，不得讓與或繼承。但以金額賠償之請求權已依契約承諾，或已起訴者，不在此限。前2項規定，於不法侵害他人基於父、母、子、女或配偶關係之身分法益而情節重大者，準用之。」

③⑧ 酒後駕車後果何其嚴重？

　　葉少爺的例子，大家應該不陌生！葉少爺家境優渥，在民國101年4月25日凌晨4時許與朋友在高雄大帝國舞廳飲酒作樂，至凌晨6時許已不勝酒力，竟仍駕駛百萬名車以時速超過每小時120公里之高速，於行經交叉路口時，不慎撞擊垃圾車後再撞及在行人穿越道上的行人李某，李某當場身首異處，同車友人陳某送醫後亦不治死亡。葉少爺經抽血檢測，測得其血液酒精濃度值為171mg/dl，相當於呼氣酒精濃度值為每公升0.855毫克，李某丈夫嗣後亦因憂傷過度而過世，此事引起社會喧然大波，最後葉少爺亦被法院處以重刑，請問酒後駕車到底要負擔什麼法律責任？

▋ 呂律師這樣說

　　酒後駕車，害人害己，葉少爺酒駕肇事就是活生生的例子，一次車禍而使數個家庭瀕臨破裂，真是得不償失！駕駛人在相關法律的規定下必須要負擔非常嚴厲的責任，大家要特別小心！以下分別就酒駕的相關法律責任分項說明之。

一、刑事責任部分：

　　為了維護交通安全、避免酒駕肇事悲劇發生，目前在刑法第185條之

3有不能安全駕駛罪的規定，亦即，駕駛動力交通工具，若吐氣所含酒精濃度達每公升0.25毫克或血液中酒精濃度達百分之0.05以上，或有其他情事足認服用酒類或其他相類之物，致不能安全駕駛，最高可處2年有期徒刑併科20萬元罰金。若因而致人於死者，最高可處10年有期徒刑；致重傷者，最高可處7年有期徒刑。縱使酒後未肇事，只要酒精濃度達到一定程度就會構成犯罪。

關於酒後肇事，道路交通管理處罰條例也規定酒醉駕車行經行人穿越道不依規定讓行人優先通行，因而導致行人傷亡，加重其刑至1/2。

葉少爺酒駕後吐氣所含酒精濃度高達每公升0.855毫克，以遠遠超過0.25毫克的最低標準，所以構成上述的酒駕致死罪，且李某在人行穿越道上被撞，所以葉少爺還要加重其刑至1/2。據報載，法院判處葉少爺6年有期徒刑。

二、行政責任部分：

為因應刑法第185條之3汽車駕駛人呼氣酒精濃度達每公升0.25毫克即有刑責之規定，道路交通安全規則規定，駕駛人飲用酒類或其他類似物後，其吐氣所含酒精濃度超過每公升0.15毫克或血液中酒精濃度超過百分之0.03，即得依道路交通管理處罰條例規定，處新臺幣15,000元以

上9萬元以下罰鍰，並當場移置保管該汽車及吊扣其駕駛執照1年。

三、民事責任：

　　葉少爺酒駕肇事，依照民法規定，要賠償支出醫療及增加生活需要費用或殯葬費之人，若被害人對於第三人負有法定撫養義務者（如被害人還有未成年子女），也要賠償第三人的損失。除此之外，被害人的父、母、子女、配偶，也可向葉少爺請求非財產上的損害。

律師叮嚀：

　　有關酒醉駕車的行政責任，主管機關發布因應上述法律規定的具體裁罰基準。但有科處刑罰時，則僅依刑罰處罰之，然記點或吊扣（銷）駕照處分仍應執行：

一、未領有駕駛執照、初次領有駕駛執照未滿2年之駕駛人或職業駕駛人駕駛車輛時，吐氣所含酒精濃度超過0.15mg/L未逾0.25mg/L者，駕駛機車、小型車、大型車之裁罰基準分別為15,000元、19,500元及22,500元。

二、吐氣酒精濃度超過0.25mg/L未滿0.4mg/L者，駕駛機車、小型車、大型車之裁罰基準分別為22,500元、29,000元及33,500元。

三、吐氣酒精濃度超過0.4mg/L未滿0.55mg/L者，駕駛機車、小型車、大型車之裁罰基準分別為45,000元、51,500元及56,000元。

四、吐氣酒精濃度達0.55mg/L以上者，駕駛機車、小型車、大型車之裁罰基準分別為67,500元、74,000元及78,500元。

五、5年內有第2次以上之酒駕累犯違規者，法定最高罰鍰9萬元處罰。

六、駕駛人不依指示停車接受稽查或拒絕停車接受測試檢定，法定最高罰鍰9萬元處罰。

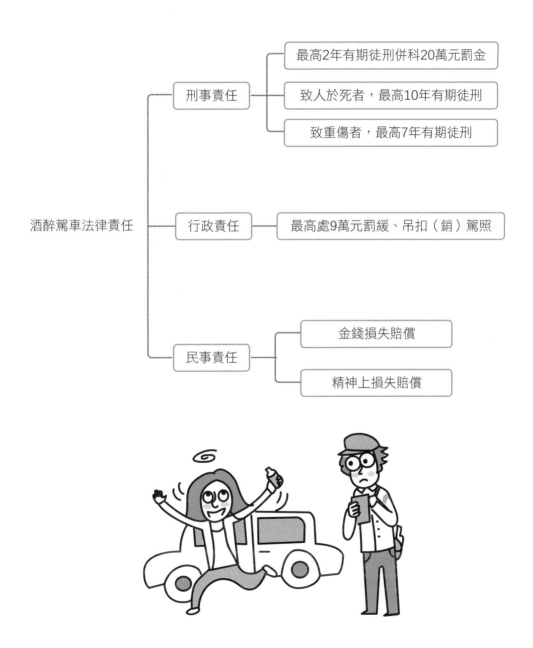

酒醉駕車法律責任

刑事責任
- 最高2年有期徒刑併科20萬元罰金
- 致人於死者，最高10年有期徒刑
- 致重傷者，最高7年有期徒刑

行政責任
- 最高處9萬元罰緩、吊扣（銷）駕照

民事責任
- 金錢損失賠償
- 精神上損失賠償

參考法條

刑法第185條之3：「駕駛動力交通工具而有下列情形之一者，處2年以下有期徒刑，得併科20萬元以下罰金：一、吐氣所含酒精濃度達0.25mg/L或血液中酒精濃度達0.05%以上。二、有前款以外之其他情事足認服用酒類或其他相類之物，致不能安全駕駛。三、服用毒品、麻醉藥品或其他相類之物，致不能安全駕駛。因而致人於死者，處3年以上10年以下有期徒刑；致重傷者，處1年以上7年以下有期徒刑。曾犯本條或陸海空軍刑法第五十四條之罪，經有罪判決確定或經緩起訴處分確定，於五年內再犯第一項之罪因而致人於死者，處無期徒刑或五年以上有期徒刑；致重傷者，處三年以上十年以下有期徒刑。」

道路交通管理處罰條例第35條：「汽車駕駛人，駕駛汽車經測試檢定有下列情形之一者，處新臺幣15,000元以上9萬元以下罰鍰，並當場移置保管該汽車及吊扣其駕駛執照1年；附載未滿12歲兒童或因而肇事致人受傷者，並吊扣其駕駛執照2年；致人重傷或死亡者，吊銷其駕駛執照，並不得再考領：一、酒精濃度超過規定標準。二、吸食毒品、迷幻藥、麻醉藥品及其相類似之管制藥品。汽車駕駛人有前項應受吊扣情形時，駕駛營業大客車者，吊銷其駕駛執照；因而肇事且附載有未滿12歲兒童之人者，按其吊扣駕駛執照期間加倍處分。汽車駕駛人於5年內違反第1項規定2次以上者，處新臺幣9萬元罰鍰，並當場移置保管該汽車及吊銷其駕駛執照；如肇事致人重傷或死亡者，吊銷其駕駛執照，並不得再考領。汽車駕駛人，駕駛汽車行經警察機關設有告示執行第1項測試檢定之處所，不依指示停車接受稽查，或拒絕接受第1項測試之檢定者，處新臺幣9萬元罰鍰，並當場移置保管該汽車、吊銷該駕駛執照及施以道路交通安全講習；如肇事致人重傷或死亡者，吊銷該駕駛執照，並不得再考領。汽車駕駛人肇事拒絕接受或肇事無法實施第1項測試之檢定者，應由交通勤務警察或依法令執行交通稽查任務人員，將其強制移由受委託醫療或檢驗機構對其實施血液或其他檢體之採樣及測試檢定。汽車所有人，明知汽車駕駛人有第1項各款情形，而不予禁止駕駛者，依第1項規定之罰鍰處罰，並吊扣該汽車牌照3個月。汽車駕駛人有第1項、第3項或第4項之情形，同時違反刑事法律者，經移置保管汽車之領回，不受第85條之2第2項，應同時檢附繳納罰鍰收據之限制。前項汽車駕駛人，經裁判確定處以罰金低於本條例第92條第4項所訂最低罰鍰基準規定者，應依本條例裁決繳納不足最低罰鍰之部分。」

道路交通管理處罰條例第86條：「汽車駕駛人，無駕駛執照駕車、酒醉駕車、吸食毒品或迷幻藥駕車、行駛人行道或行經行人穿越道不依規定讓行人優先通行，因而致人受傷或死亡，依法應負刑事責任者，加重其刑至1/2。汽車駕駛人，在快車道依規定駕車行駛，因行人或慢車不依規定，擅自進入快車道，而致人受傷或死亡，依法應負刑事責任者，減輕其刑。」

39 肇事逃逸該當何罪？

　　大明在一家熱水器經銷商擔任業務的工作，除了推銷熱水器外還要兼任送貨司機的職務，每天忙得暈頭轉向。某日大明在早上11點送貨到淡水新市鎮家樂福大賣場後，還要在中午12點以前送貨到桃園縣中壢市的家樂福大賣場，因時間緊迫，遂在人煙稀少的新市鎮道路上狂飆，不料，沒有注意到前方人行道上的老太太而擦撞到她的身體。老太太倒下之後，大明看四下無人，便開車加速逃逸，然而大明肇事經過卻由路口的監視器拍得一清二楚，請問大明是否構成犯罪？

▎呂律師這樣說

　　車禍肇事，不論有沒有肇事責任，都應該確認是否有人需要幫忙救助，如果不處理而逕自離開，恐怕就有可能涉及肇事逃逸！所以別以為自己沒有錯或沒有真的撞到就離開現場，一旦確認與死傷有因果關聯，恐怕不是涉及民事責任而已，還可能構成犯罪。現在各地路口都有加裝監視器，甚至連汽機車上也有行車記錄器，因此想要肇事逃逸以脫免責任，根本不可能，再加上人命關天，肇事逃逸也非常不道德。

　　肇事逃逸是指於發生車禍事故後，肇事者未下車察看情形或是處理

現場，並且立即離開現場之行為。由於傷者可能無法自行就醫，因此立法者便課予肇事者協助處理車禍事故之義務。肇事逃逸罪之構成要件為「致人死傷而逃逸」，因此若無人受傷或死亡，僅為車損之情形，是不會構成肇事逃逸的，但仍然有一般車禍之民事賠償責任。

如案例所示，因大明開車速度過快而擦撞到人行道上的老太太，若致使老太太受傷或死亡，也沒有下車察看實施救護，不顧老太太的安危反而加速逃逸的行為，大明就可能構成肇事逃逸罪。

車禍肇事致人傷害而逃逸者，處6月以上5年以下有期徒刑，若致人於死或重傷而逃逸者，處1年以上7年以下有期徒刑。且縱使駕駛者就交通事故的發生無過失，其逃逸者，亦予以處罰，立法理由在於課予交通事故當事人應停留在現場向傷者或警察等有關機關表明身分，並視現場情形通知警察機關處理、協助傷者就醫、對事故現場為必要之處置等責任，以免發生二次事故確保公眾交通安全及人身保障，且車禍通常會有傷者甚至死者，於司法實務上，大明除了已經觸犯的肇事逃逸罪之外，若對車禍的發生有過失還會構成過失傷害罪或過失致死罪之刑責，且認為是兩個犯罪都要處罰。

律師叮嚀：

一、依道路交通管理處罰條例的規定，汽車駕駛人肇事致人受傷或
死亡，應即採取救護及依規定處置，並通知警察機關處理，不
得任意移動肇事汽車及現場痕跡證據，違反者最高可處新臺幣
9,000元罰鍰，此外也會被吊銷駕駛執照。

二、車禍肇事致人受傷而逃逸，可能會構成過失傷害罪與肇事逃逸
罪，前者為告訴乃論之罪，可以由被害人撤回，法院會為不受
理判決；後者為公訴罪，縱使雙方和解，法院還是會依法為有
罪判決，但仍會斟酌雙方是否和解，判被告比較輕的刑度或宣
告緩刑。但過失致人於死罪與肇事逃逸罪相同，亦為公訴罪。

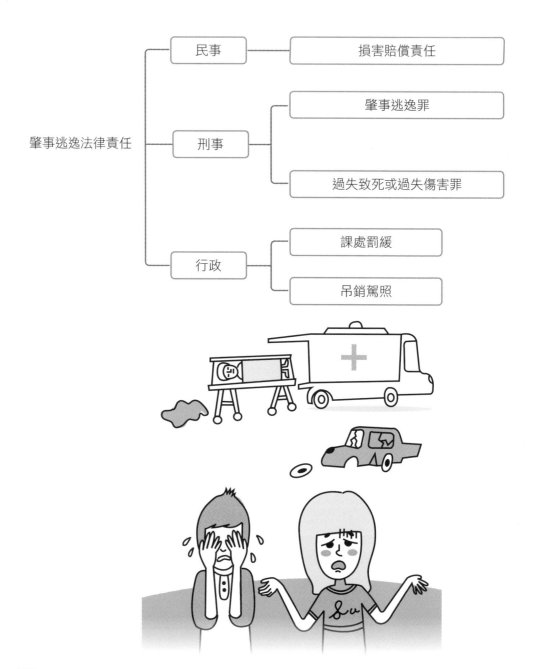

參考法條

刑法第185-4條：「駕駛動力交通工具發生交通事故，致人傷害而逃逸者，處6個月以上5年以下有期徒刑；致人於死或重傷逃逸者，處1年以上7年以下有期徒刑。犯前項之罪，駕駛人於發生交通事故致人死傷係無過失者，減輕或免除其刑。」

刑法第284條：「因過失傷害人者，處1年以下有期徒刑、拘役或10萬元以下罰金，致重傷者，處3年以下有期徒刑、拘役或30萬元以下罰金。」

刑法第276條：「因過失致人於死者，處5年以下有期徒刑、拘役或50萬元以下罰金。」

道路交通管理處罰條例第62條：「汽車駕駛人駕駛汽車肇事，無人受傷或死亡而未依規定處置者，處新臺幣1,000元以上3,000元以下罰鍰；逃逸者，並吊扣其駕駛執照1個月至3個月。前項之汽車尚能行駛，而不儘速將汽車位置標繪移置路邊，致妨礙交通者，處駕駛人新臺幣600元以上1,800百元以下罰鍰。汽車駕駛人駕駛汽車肇事致人受傷或死亡者，應即採取救護措施及依規定處置，並通知警察機關處理，不得任意移動肇事汽車及現場痕跡證據，違反者處新臺幣3,000元以上9,000元以下罰鍰。但肇事致人受傷案件當事人均同意時，應將肇事汽車標繪後，移置不妨礙交通之處所。前項駕駛人肇事致人受傷而逃逸者，吊銷其駕駛執照；致人重傷或死亡而逃逸者，吊銷其駕駛執照，並不得再考領。第1項及前項肇事逃逸案件，經通知汽車所有人到場說明，無故不到場說明，或不提供汽車駕駛人相關資料者，吊扣該汽車牌照1個月至3個月。肇事車輛機件及車上痕跡證據尚須檢驗、鑑定或查證者，得予暫時扣留處理，其扣留期間不得超過3個月；未經扣留處理之車輛，其駕駛人或所有人不予或不能即時移置，致妨礙交通者，得逕行移置之。肇事車輛機件損壞，其行駛安全堪虞者，禁止其行駛。」

40 騎車陷入路上坑洞，可以請求國家賠償嗎？

　　美玉在臺北市東區美味西餐廳上班擔任領班的職務，平常都騎乘機車上下班，除了休假日外每天都要到晚上10點鐘才能下班。農曆過年前某一晚10點半左右，美玉騎車回家行經忠孝東路四段時，因道路施工未回填土石且未設任何警告標誌而連人帶車陷入坑洞，導致左腳骨折、全身挫傷多處，請問美玉可以請求國家賠償嗎？如何請求才符合法律的規定？

▍呂律師這樣說

　　美玉騎車受傷並不是與其它車輛擦撞而發生車禍，是因為路面有坑洞且無任何警告標誌所導致，所以並沒有一個很確定的自然人可以請求，但道路的維護是屬於國家的工作，所以應該要向國家請求損害賠償，但如何向國家來請求呢？首先應依照國家賠償法的相關規定來處理。

　　美玉因路上坑洞而騎車受傷，到底應該以誰為具體的請求對象？要看看誰是車禍發生路段的設置或管理機關，因為車禍發生的地點是在臺北市忠孝東路四段，所以管理機關應該是臺北市政府（目前應是台北市政府工務局新建工程處）。接著，美玉是否具備向臺北市政府請求國家賠償的要件呢？構成國家賠償有兩個要件，一個是公共設施應設置或管理

有欠缺，另外一個是因此而導致人民生命、身體、人身自由或財產受有損害。以案例所示來看，肇事路段既然因道路施工而留有坑洞未填補，則應留有警告設施提醒用路人注意以維護交通安全，但卻未留有任何警告標誌，顯然公共設施有管理的欠缺，導致美玉未能注意而受傷，所以應該符合賠償請求的要件。

但實際上應該如何向臺北市政府求償呢？可以直接向法院起訴請求嗎？依照國家賠償法的規定，美玉應該先以書面向臺北市政府請求，書面中應記載美玉的個人資料、請求賠償的事實及理由、請求的金額或回復原狀的內容、賠償義務機關、年月日等。臺北市政府對於賠償請求應該馬上安排時間與美玉進行協議，若協議成立時，會做成協議書，若臺北市政府不以協議書所載內容履行，美玉可以該協議書為執行名義直接樣法院聲請強制執行；若臺北市政府拒絕賠償，或自提出請求之日起逾30日起不開始協議，或自開始協議之日起逾60日協議不成立時，美玉才可以向臺灣台北地方法院起訴請求臺北市政府損害賠償，除國家賠償法有特別規定外，與一般民事訴訟無異。此外美玉要注意時效的規定，自美玉知有損害時起，2年間不行使而消滅；自損害發生時起，逾5年者亦同。

律師叮嚀：

一、國家為保護人民權益而使人民得在未勝訴確定前，先取得費用來支付醫療費或喪葬費，所以在國家賠償法規定，在依法向賠償義務機關請求損害賠償同時或之後，可以向法院聲請假處分，命賠償義務機關暫先支付急需及必要之醫療費或喪葬費，賠償義務機關於收受假處分裁定時，應立即墊付。反之，若未依法向賠償義務機關書面請求前，即不得向法院請求假處分。

二、本案例所提及的部分是關於公共設施設置或管理有欠缺的情形，除此之外，若公務員於執行職務行使公權力時，因故意或過失不法侵害人民自由或權利、或怠於執行職務，致人民自由或權利遭受損害者，例如警察違法逮捕，或主管建築機關對於公眾使用之建築物，如疏於定期檢查，對於有不合公共安全規定之瑕疵，未依建築法令限期令其修改或停止供公眾使用，以致人民因該瑕疵逃生困難而受傷或死亡時，也可以依照上述的說明，請求國家賠償。

三、國人因為生活品質提高，所以從事山林戶外活動的頻率日漸提高，但往往忽略行政機關對於若干野外活動的限制而發生事故，此時，國家是否應負損害賠償責任常有疑義，國家賠償法在108年修法時即在第3條增訂：「於開放之山域、水域等自然公物，經管理機關、受委託管理之民間團體或個人已就使用該公物為適當之警告或標示，而人民仍從事冒險或具危險性活動，國家不負損害賠償責任。」、「於開放之山域、水域等自然公物內之設施，經管理機關、受委託管理之民間團體或個人已就使用該設施為適當之警告或標示，而人民仍從事冒險或具危險性活動，得減輕或免除國家應負之損害賠償責任。」

請求國家賠償的程序

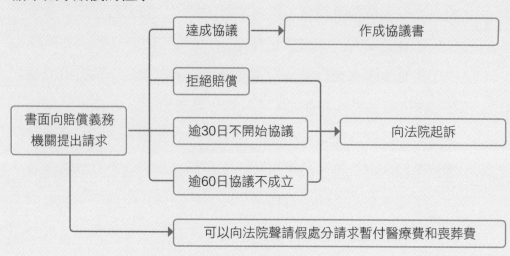

書面向賠償義務機關提出請求 →
- 達成協議 → 作成協議書
- 拒絕賠償 → 向法院起訴
- 逾30日不開始協議 → 向法院起訴
- 逾60日協議不成立
- 可以向法院聲請假處分請求暫付醫療費和喪葬費

參考法條

國家賠償法第2條：「本法所稱公務員者，謂依法令從事於公務之人員。公務員於執行職務行使公權力時，因故意或過失不法侵害人民自由或權利者，國家應負損害賠償責任。公務員怠於執行職務，致人民自由或權利遭受損害者亦同。前項情形，公務員有故意或重大過失時，賠償義務機關對之有求償權。」

國家賠償法第3條：「公共設施因設置或管理有欠缺，致人民生命、身體、人身自由或財產受損害者，國家應負損害賠償責任。前項設施委託民間團體或個人管理時，因管理欠缺致人民生命、身體、人身自由或財產受損害者，國家應負損害賠償責任。前二項情形，於開放之山域、水域等自然公物，經管理機關、受委託管理之民間團體或個人已就使用該公物為適當之警告或標示，而人民仍從事冒險或具危險性活動，國家不負損害賠償責任。第1項及第2項情形，於開放之山域、水域等自然公物內之設施，經管理機關、受委託管理之民間團體或個人已就使用該設施為適當之警告或標示，而人民仍從事冒險或具危險性活動，得減輕或免除國家應負之損害賠償責任。第1項、第2項及前項情形，就損害原因有應負責任之人時，賠償義務機關對之有求償權。」

國家賠償法第8條：「賠償請求權，自請求權人知有損害時起，因2年間不行使而消滅；自損害發生時起，逾5年者亦同。第2條第3項、第3條第5項及第4條第2項之求償權，自支付賠償金或回復原狀之日起，因2年間不行使而消滅。」

國家賠償法第9條：「依第2條第2項請求損害賠償者，以該公務員所屬機關為賠償義務機關。依第3條第1項請求損害賠償者，以該公共設施之設置或管理機關為賠償義務機關；依第3條第2項請求損害賠償者，以委託機關為賠償義務機關。前2項賠償義務機關經裁撤或改組者，以承受其業務之機關為賠償義務機關。無承受其業務之機關者，以其上級機關為賠償義務機關。不能依前3項確定賠償義務機關，或於賠償義務機關有爭議時，得請求其上級機關確定之。其上級機關自被請求之日起逾20日不為確定者，得逕以該上級機關為賠償義務機關。」

國家賠償法第10條：「依本法請求損害賠償時，應先以書面向賠償義務機關請求之。賠償義務機關對於前項請求，應即與請求權人協議。協議成立時，應作成協議書，該項協議書得為執行名義。」

國家賠償法第11條：「賠償義務機關拒絕賠償，或自提出請求之日起逾30日不開始協議，或自開始協議之日起逾60日協議不成立時，請求權人得提起損害賠償之訴。但已依行政訴訟法規定，附帶請求損害賠償者，就同一原因事實，不得更行起訴。依本法請求損害賠償時，法院得依聲請為假處分，命賠償義務機關暫先支付醫療費或喪葬費。」

MEMO

這是我的家為什麼不行？！
九、有關不動產的生活法律問題

41 買到凶宅怎麼辦？

　　國雄與美珍胼手胝足共同奮鬥了數年，存了300萬現金，去年有了寶貝兒子大明，所以想要脫離租賃生活。後來經房屋仲介介紹，以800萬向金水買到3房1廳約35坪的公寓雅房，但住進去之後，大明常常半夜驚醒而嚎啕大哭，整天昏昏沉沉。後來有好心鄰居告知國雄夫婦，稱國雄的房子在6年前曾經有房客在房間裡燒炭自殺，經國雄問金水的前手，才知道金水買受房子的時候明知有人自殺情事而以低價買受。國雄找到當初的買賣契約又發現金水曾保證不是凶宅，始知受騙，請問國雄該怎麼辦？

▌呂律師這樣說

一、凶宅的定義：

　　內政部在97年7月曾發布一個函釋，定義所謂的凶宅，是指：「賣方產權持有期間，於其建築改良物之專有部分（包括主建物及其附隨建物），曾發生凶殺或自殺而死亡（不包括自然死亡）之事實（即陳屍於專有部分），及在專有部分有求死行為而致死（如從專有部分跳樓輕生，而死在其他樓層或中庭）；但不包括在專有部分遭砍殺而陳屍他處之行為（即未陳屍於專有部分）。又賣方的擔保責任範圍只限於擔保自

己出售之房屋非凶宅，並不包括同棟大樓其他的房屋。」，申言之，所謂凶宅，基本上限曾發生非自然死亡的房屋，所謂非自然死亡，包括凶殺或自殺而死亡，例如殺人、上吊、燒炭、吃毒藥、自溺、跳樓等等；所謂房屋（也稱建築改良物之專有部分）則指主建物（即一般家庭生活的空間）及附屬建物（例如陽台）。若同棟大樓或社區其他大樓曾有人跳樓自殺、鄰近墓園、房屋興建過程中有工人意外死亡等並非凶宅。

二、出售凶宅的民事責任：

買到凶宅的買受人，可以向出賣人主張房屋有「物之瑕疵」存在，請求解除契約或減少價金，買受人主張出賣人應負物之瑕疵責任，只要證明房屋在交付時存有瑕疵即可，換言之，買受人只要證明是兇宅即可，至於出賣人是否有故意過失在所不論。

什麼情況可以主張解除契約？若請求減少價金，又能減少多少呢？要主張解除契約還是請求減少價金，原則上先看買受人的意願，出賣人無法主動主張要解除契約，接著，法律有規定，依情形解除契約顯失公平者，買受人僅得請求減少價金，也就是就算買受人想要解除契約，還要看看是否符合公平，例如自殺事件若發生在10幾年前，且嗣後並無後續特別情事時，買受人可能就沒有辦法主張解除契約；買受人於訂約時

有特別聲明買受凶宅有解除權者，或因兇宅而產生不良適應情況時，或能證明房屋因兇宅而使市價大幅跌落時，應可主張解除契約，當然也可以主張損害賠償。至於可以減少多少價金，法院審理時會請鑑價公司鑑價，特殊情況不論，實務上大概減價的範圍在15%至30%。

三、出售兇宅的刑事責任

依案例所示，金水的前手是以房屋是兇宅的低價出售，可見金水主觀上知悉凶宅的事實，但其為賣得好價錢，卻隱瞞事實甚至向國雄夫婦保證不是兇宅。因此，金水是以詐術使國雄夫婦陷於錯誤而以高價買受房子，導致受到財產上的損失，故金水的行為已構成刑法上的詐欺取財罪，最高可處5年有期徒刑併科罰金。

　　一般人要圓築巢的夢非常不容易，所以在買受房屋之前本來就應該要多方打聽，要查某間房屋是否為兇宅。首先可以向街坊鄰居探詢，例如問大樓管理員、鄰里長、對門鄰居等，也可以上相關網站（例如凶宅網）查詢。有人說可以向警察局詢問，但目前警察都以無法律根據或觸犯洩露秘密、違反個人資料保護法的理由拒絕。若透過仲介買賣，應該要在仲介契約上註明凶宅查詢的義務及法律效果以促使房仲人員盡心調查。而在訂立買賣契約的時候，若依照內政部所頒布的成屋買賣書契約範本，會有賣方確認是否為兇宅的條款，若買賣契約無上述條款則應該加註，甚至要註明非常在意房屋是否為兇宅、若證實為兇宅的話可以無條件解約的條款，以免將來訴訟的時候只能主張減少價金。此外，若對於上述內政部有關凶宅的定義認為太為寬鬆，也可以在契約上明文約定雙方同意的凶宅定義，以免將來在訴訟上發生爭議。

GO!

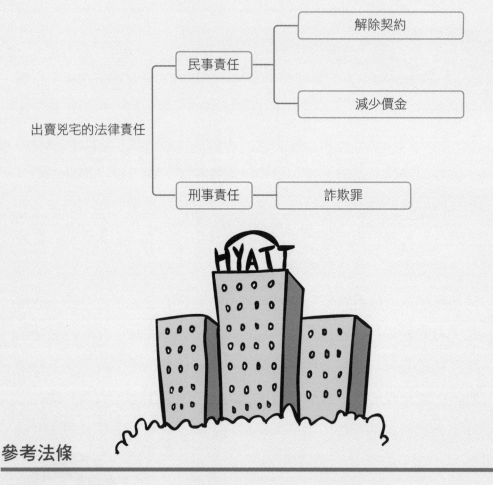

出賣兇宅的法律責任

- 民事責任
  - 解除契約
  - 減少價金
- 刑事責任
  - 詐欺罪

參考法條

民法第359條：「買賣因物有瑕疵，而出賣人依前5條之規定，應負擔保之責者，買受人得解除其契約或請求減少其價金。但依情形，解除契約顯失公平者，買受人僅得請求減少價金。」

刑法第339條：「意圖為自己或第三人不法之所有，以詐術使人將本人或第三人之物交付者，處5年以下有期徒刑、拘役或科或併科50萬元以下罰金。以前項方法得財產上不法之利益或使第三人得之者，亦同。前2項之未遂犯罰之。」

42 遇到惡鄰怎麼辦？

　　大華與小雯住在「大世界」社區多年，社區管理雖一般，但左右鄰居相處和睦，住得還算舒服，近來鄰居大雄因財務問題而使房子被法院拍賣，新鄰居永和夫婦生活習慣讓人不敢領教，晚上常常打麻將到深夜，聲音大到非常擾人，又把鞋櫃、腳踏車、甚至燒金桶、置物箱放在樓梯間，令人難以通行。此外，也養一隻狼犬，常常任其在樓梯間閒晃大小便，不僅不衛生還常常嚇到人，甚至聽說有咬到人。大華基於鄰里之誼曾私下規勸多次，但永和夫婦卻置之不理，大華已忍無可忍，不知道有什麼方式可以解決他的問題？

▌呂律師這樣說

　　現代集體住宅生活首重合諧、尊重，動輒訴諸法律雖然可以解決問題，但卻傷了和氣，早晚相見總是不妥。然而，總有少數不肖鄰居若無法律為後盾根本對你不理不睬，此時，如何依法處理非常重要。

　　公寓大廈管理條例對於鄰居之間如何相處有相當詳盡的規定，例如不得任意棄置垃圾、排放各種污染物及惡臭物質，或發生喧囂、震動及其他與此相類似之行為；不得於開放空間、防火巷弄、樓梯間、共同走廊、防空避難設備等避難處所等堆置雜物、設置柵欄、門扇，

或營業使用或違規設置廣告物或私設路障及停車位侵占巷道妨礙出入等等；住戶飼養動物，不得妨礙公共衛生、公共安寧及公共安全，也可以規約禁止飼養。

　　案例中永和夫婦打麻將音量過高、將鞋櫃等物品放在樓梯間、又未妥善飼養狼狗而妨礙公共衛生及公共安全，都是公寓大廈管理條例禁止的行為。若住戶有上述情事，管理委員會應予制止或按住戶規約處理，經制止仍不遵守者，得報請直轄市、縣市主管機關處理。住戶若有上述在公共處所堆置雜物，主管機關可處新臺幣4萬元以上20萬元以下罰鍰，並得令其限期改善或履行義務，屆期不改善或不履行者得連續處罰；若是製造噪音、非法飼養動物，則主管機關可處3,000元以上15,000元以下罰鍰，其他與前者相同。

　　關於案例中所提打麻將之事，因為永和的住所並非公共場所或公眾得出入之場所，應該不構成賭博罪，除非可以證明是職業賭博場所，否則也不構成社會秩序維護法的賭博罪（構成的話，最高可處新臺幣9,000元罰鍰），但可能構成社會秩序維護法的妨害安寧規定，最高可處新臺幣6,000元；在樓梯間堆置雜物，若有人因雜物跌倒受傷，司法實務上認為住戶構成過失傷害罪；若永和夫婦未管好狼狗而

讓狼狗咬到人，則不僅要賠償被害人也會構成過失傷害罪，所以飼養動物的人，應該不能掉以輕心。

及之法律效果外，若經主管機關處罰仍不改善或續犯時，在管理委員會促請其改善，於3個月內仍未改善時，可以區分所有權人會議之決議，訴請法院強制其遷離，若住戶是區分所有權人時，還可以訴請出讓所有權。這是很有用的尚方寶劍，若遇到無藥可救的鄰居只好如此。

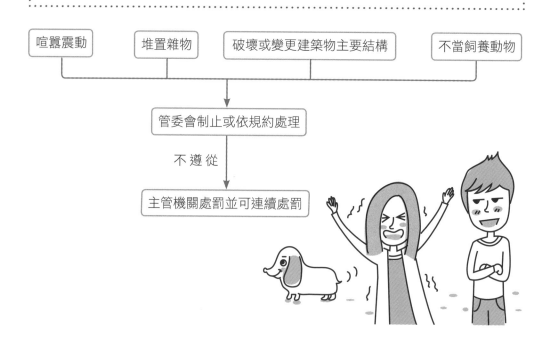

喧囂震動　　堆置雜物　　破壞或變更建築物主要結構　　不當飼養動物

管委會制止或依規約處理

不遵從

主管機關處罰並可連續處罰

參考法條

公寓大廈管理條例第16條：「住戶不得任意棄置垃圾、排放各種污染物、惡臭物質或發生喧囂、振動及其他與此相類之行為。住戶不得於私設通路、防火間隔、防火巷弄、開放空間、退縮空地、樓梯間、共同走廊、防空避難設備等處所堆置雜物、設置柵欄、門扇或營業使用，或違規設置廣告物或私設路障及停車位侵占巷道妨礙出入。但開放空間及退縮空地，在直轄市、縣（市）政府核准範圍內，得依規約或區分所有權人會議決議供營業使用；防空避難設備，得為原核准範圍之使用；其兼作停車空間使用者，得依法供公共收費停車使用。住戶為維護、修繕、裝修或其他類似之工作時，未經申請主管建築機關核准，不得破壞或變更建築物之主要構造。住戶飼養動物，不得妨礙公共衛生、公共安寧及公共安全。但法令或規約另有禁止飼養之規定時，從其規

定。住戶違反前4項規定時，管理負責人或管理委員會應予制止或按規約處理，經制止而不遵從者，得報請直轄市、縣（市）主管機關處理。」

公寓大廈管理條例第22條：「住戶有下列情形之一者，由管理負責人或管理委員會促請其改善，於3個月內仍未改善者，管理負責人或管理委員會得依區分所有權人會議之決議，訴請法院強制其遷離：一、積欠依本條例規定應分擔之費用，經強制執行後再度積欠金額達其區分所有權總價1%者。二、違反本條例規定經依第49條第1項第1款至第4款規定處以罰鍰後，仍不改善或續犯者。三、其他違反法令或規約情節重大者。前項之住戶如為區分所有權人時，管理負責人或管理委員會得依區分所有權人會議之決議，訴請法院命區分所有權人出讓其區分所有權及其基地所有權應有部分；於判決確定後3個月內不自行出讓並完成移轉登記手續者，管理負責人或管理委員會得聲請法院拍賣之。前項拍賣所得，除其他法律另有規定外，於積欠本條例應分擔之費用，其受償順序與第一順位抵押權同。」

公寓大廈管理條例第47條：「有下列行為之一者，由直轄市、縣（市）主管機關處新臺幣3,000元以上15,000元以下罰鍰，並得令其限期改善或履行義務、職務；屆期不改善或不履行者，得連續處罰：一、區分所有權人會議召集人、起造人或臨時召集人違反第25條或第28條所定之召集義務者。二、住戶違反第16條第1項或第4項規定者。三、區分所有權人或住戶違反第6條規定，主管機關受理住戶、管理負責人或管理委員會之請求，經通知限期改善，屆期不改善者。」

公寓大廈管理條例第49條：「有下列行為之一者，由直轄市、縣（市）主管機關處新臺幣4萬元以上20萬元以下罰鍰，並得令其限期改善或履行義務；屆期不改善或不履行者，得連續處罰：一、區分所有權人對專有部分之利用違反第5條規定者。二、住戶違反第8條第1項或第9條第2項關於公寓大廈變更使用限制規定，經制止而不遵從者。三、住戶違反第15條第一項規定擅自變更專有或約定專用之使用者。四、住戶違反第16條第2項或第3項規定者。五、住戶違反第17條所定投保責任保險之義務者。六、區分所有權人違反第18條第1項第2款規定未繳納公共基金者。七、管理負責人、主任委員或管理委員違反第20條所定之公告或移交義務者。八、起造人或建築業者違反第57條或第58條規定者。有供營業使用事實之住戶有前項第3款或第4款行為，因而致人於死者，處1年以上7年以下有期徒刑，得併科新臺幣100萬元以上500萬元以下罰金；致重傷者，處6個月以上5年以下有期徒刑，得併科新臺幣50萬元以上250萬元以下罰金。」

社會秩序維護法第72條：「有左列各款行為之一者，處新臺幣6,000元以下罰鍰：一、於公共場所或公眾得出入之場所，酗酒滋事、謾罵喧鬧，不聽禁止者。二、無正當理由，擅吹警笛或擅發其他警號者。三、製造噪音或深夜喧嘩，妨害公眾安寧者。」

前手管理費沒繳，我要承擔嗎？
住戶規約說不能養狗可以嗎？

　　俊明與麗莎是頂客族，日前經友人介紹買受一間視野良好、可遠眺山景的20樓頂樓雅房，房子登記在俊明名下。麗莎從小喜歡小狗，以前因所住公寓狹小，無法養狗，現在頂樓的房屋頗大，就想養一隻貴賓狗。後來搬進去之後才知道大樓在去年區分所有權人會議，曾決議禁止住戶飼養動物，不久管委會通知俊明應該繳納前手所欠繳的管理費5萬元。近來管委會因幾項重大修繕的進行，公共基金幾乎用罄，所以想要將屋頂平臺出租給電信公司設置基地台，並已經區分所有權人會議決議通過。請問區分所有權人會議可以決議住戶不能飼養動物嗎？前手欠繳的管理費，俊明要承擔繳納嗎？在屋頂平臺設置基地台，需要頂樓住戶同意嗎？

▍ 呂律師這樣說

　　公寓大廈集體生活因涉及眾人之事，若無一套遊戲規則供大家遵循，公共生活將陷入混亂。所以公寓大廈管理條例、相關法律與住戶規約就應運而生。然而，這樣一來，區分所有權人的權利難免受到相當的限制。

　　以養狗為例，一般人會想，在自家養狗與別人沒有關係，但養狗

所產生噪音污染、公共衛生、公共安全的問題就會造成其他住戶的困擾，所以法律允許區分所有權人會議可作成決議而載於規約，或許俊明會主張禁止飼養的規定是在其遷入之前而可不受拘束，但法律規定，俊明應在買受前向管理委員會請求閱覽或影印規約、區分所有權人會議及管理委員會會議紀錄等文件，並應遵守區分所有權人依公寓大廈管理條例或規約所定之一切權利義務事項，因此即便禁止飼養動物的決議在俊明夫婦遷入之前所作成，俊明夫婦仍應當遵守規約內禁止飼養動物的規定。

管理委員會是否可以向俊明請求前手欠繳的管理費呢？依前述說明，俊明應遵守規約的規定，但就前手已發生之債務並不在承受的範圍之內，仍然由前手自己承擔，所以管理委員會不可以向俊明催討前手欠繳的管理費。

大家都不希望自己家的樓上架設基地台，但若不住在頂樓，大樓又有大筆租金的收入，甚至可因而減輕管理費的負擔，許多人也許會同意，反正「死道友，不死貧道」，有什麼關係呢？因此，若放任區分所有權人會議決議，將造成多數霸凌頂樓住戶的結果，所以公寓大廈管理條例規定，在樓頂平台設置基地台應得頂層區分所有權人同

意，否則區分所有權人會議的決議不生效力。故縱使俊明所住大樓的區分所有權人會議決議出租樓頂平台，但在俊明未同意的情況下並不生效力。

律師叮嚀：

一、買房子是人生大事不可大意，除了考量房子本身的條件之外，也要看看社區整體的環境，尤其要了解社區的規矩，看看有沒有跟自己的生活習慣不合的地方，入境要隨俗，但起碼要知道「俗」是什麼，像俊明夫婦若事先知道社區有禁止飼養動物的規定，可能就不會買這個頂樓房屋了。

二、與屋頂架設基地台情況類似的，還有在公寓大廈外牆面設置廣告物的情形，廣告的收入大家都喜歡，但許多廣告物的設置會影響樓層住戶的採光、通風、景觀等，所以外牆設置廣告物除了要依區分所有權人會議決議外，也要經相關樓層區分所有權人同意。

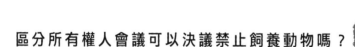

前手欠繳管理費，買受人要承擔嗎？ ╳

區分所有權人會議可以決議禁止飼養動物嗎？ ◯

在屋頂平臺架設基地台要經過頂樓住戶同意嗎？ ◯

參考法條

公寓大廈管理條例第24條：「區分所有權之繼受人，應於繼受前向管理負責人或管理委員會請求閱覽或影印第35條所定文件，並應於繼受後遵守原區分所有權人依本條例或規約所定之一切權利義務事項。公寓大廈專有部分之無權占有人，應遵守依本條例規定住戶應盡之義務。無權占有人違反前項規定，準用第21條、第22條、第47條、第49條住戶之規定。」

公寓大廈管理條例第33條：「區分所有權人會議之決議，未經依下列各款事項辦理者，不生效力：一、專有部分經依區分所有權人會議約定為約定共用部分者，應經該專有部分區分所有權人同意。二、公寓大廈外牆面、樓頂平臺，設置廣告物、無線電台基地台等類似強波發射設備或其他類似之行為，設置於屋頂者，應經頂層區分所有權人同意；設置其他樓層者，應經該樓層區分所有權人同意。該層住戶，並得參加區分所有權人會議陳述意見。三、依第56條第1項規定成立之約定專用部分變更時，應經使用該約定專用部分之區分所有權人同意。但該約定專用顯已違反公共利益，經管理委員會或管理負責人訴請法院判決確定者，不在此限。」

公寓大廈管理條例第35條：「利害關係人於必要時，得請求閱覽或影印規約、公共基金餘額、會計憑證、會計帳簿、財務報表、欠繳公共基金與應分攤或其他應負擔費用情形、管理委員會會議紀錄及前條會議紀錄，管理負責人或管理委員會不得拒絕。」

44 樓上不同意進入修繕，漏水沒辦法解決怎麼辦？

　　唐方與宋圓夫婦住在舊公寓的3樓，前一陣子發現廚房流理台上方滲水，最近已經變成滴水，而且滴到瓦斯爐上非常危險，唐方便向4樓鄰居秦漢反應，經水電師傅勘查，發現是3、4樓間之水管破裂所致，必須在4樓修繕才能解決上述問題，但在修繕前秦漢已將房屋出售給周明，但周明卻置之不理，更遑論讓唐方請師傅進入修繕，請問唐方夫婦要如何解決漏水的問題？

▎呂律師這樣說

　　漏水一向是舊公寓住戶最怕遇到問題，雖然不致於無法居住，卻造成生活上很大的不便，有的人更認為會破壞風水。但漏水的問題有時候卻非自己一層住戶可以解決，當涉及到鄰居不配合的時候，法律有什麼救濟管道呢？這裡牽涉到兩個問題，一個是如何進入修繕，另一個則是修繕費用分擔的問題。

　　公寓大廈管理條例有規定，若自己因維護、修繕專有部分（如家裡的客廳、浴室、廚房等）、約定專有部分（如約定共有的露台供自己使用）或設置管線，必須進入或使用鄰居的專有部分或約定專有部分時，鄰居不能拒絕，但應該要選擇損害最少的處所及方法，並應修復或補償

所生之損害，如果鄰居不願意，經管理委員會協調也拒絕，此時可以向法院起訴請求鄰居容忍進入修繕，因此，唐方最後可以向法院起訴請求周明容忍其進入屋內修繕，但唐方必須要向法院證明非在周明屋內修繕不可，否則無法解決漏水的問題，且必須要使用影響周明最小的方法為之，若周明的房屋原來供商業使用，如果因為修繕而導致其無法營業時，唐方還必須賠償周明因此所受之損害。

關於修繕費用的負擔，公寓大廈管理條例規定，專有部分之共同壁及樓地板及其內的管線，原則上維修費用應該由共同壁雙方或樓地板上下方區分所有權人共同負擔。但是，修繕費用若因為某一方區分所有權人的原因所導致時，則由該區分所有權人負擔。案例中，若水管破裂或外牆裂縫是因為自然損壞或地震所致，則修繕費用由唐方與周明各負擔1/2；若上述情況是因為周明修繕自己房屋所造成之結果時，則修繕費用必須由周明負擔。

律師叮嚀：

一、到法院打修繕漏水的官司，不僅要繳納裁判費，而且法院為發現漏水的原因，通常會另外委請專業單位進行鑑定，此時要支付鑑定費用，往往鑑定費用還會高於修繕費用，若不是自己打官司還要支付律師費用，判決下來，一方不服還可以上訴，所以打官司確實是勞民傷財的事情，而且雙方撕破臉之後還要常常見面，的確痛苦不堪，故情非得已還是盡量協調解決。

二、如果為維護、修繕專有部分、約定專有部分或設置管線，必須使用共有部分時，則必須經過管理委員會的同意才可以進行。例如，頂樓住戶因為漏水而有必要修繕屋頂平臺或突出物時，就必須先經過管理委員會的同意，如果管理委員會拒不同意時，仍然可以依照上述的方式向法院起訴請求進行修繕。

三、屋頂平臺是公寓大廈的共用部分，若因屋頂平臺的裂縫而導致頂樓住戶漏水時，可以請求管理委員會修繕，因為修繕所產生費用，原則上由公共基金支付或由區分所有權人按其共有之應

有部分比例分擔，但屋頂平臺的裂縫若是因為頂樓住戶裝潢時不慎所致時，當然要由頂樓住戶自己負擔。

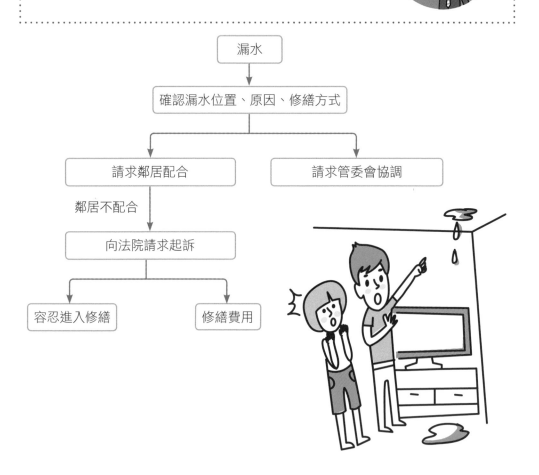

參考法條

公寓大廈管理條例第6條：「住戶應遵守下列事項：一、於維護、修繕專有部分、約定專用部分或行使其權利時，不得妨害其他住戶之安寧、安全及衛生。二、他住戶因維護、修繕專有部分、約定專用部分或設置管線，必須進入或使用其專有部分或約定專用部分時，不得拒絕。三、管理負責人或管理委員會因維護、修繕共用部分或設置管線，必須進入或使用其專有部分或約定專用部分時，不得拒絕。四、於維護、修繕專有部分、約定專用部分或設置管線，必須使用共用部分時，應經管理負責人或管理委員會之同意後為之。五、其他法令或規約規定事項。前項第2款至第4款之進入或使用，應擇其損害最少之處所及方法為之，並應修復或補償所生損害。住戶違反第1項規定，經協調仍不履行時，住戶、管理負責人或管理委員會得按其性質請求各該主管機關或訴請法院為必要之處置。」

公寓大廈管理條例第10條：「專有部分、約定專用部分之修繕、管理、維護，由各該區分所有權人或約定專用部分之使用人為之，並負擔其費用。共用部分、約定共用部分之修繕、管理、維護，由管理負責人或管理委員會為之。其費用由公共基金支付或由區分所有權人按其共有之應有部分比例分擔之。但修繕費係因可歸責於區分所有權人或住戶之事由所致者，由該區分所有權人或住戶負擔。其費用若區分所有權人會議或規約另有規定者，從其規定。前項共用部分、約定共用部分，若涉及公共環境清潔衛生之維持、公共消防滅火器材之維護、公共通道溝渠及相關設施之修繕，其費用政府得視情況予以補助，補助辦法由直轄市、縣（市）政府定之。」

公寓大廈管理條例第12條：「專有部分之共同壁及樓地板或其內之管線，其維修費用由該共同壁雙方或樓地板上下方之區分所有權人共同負擔。但修繕費係因可歸責於區分所有權人之事由所致者，由該區分所有權人負擔。」

45 土地或其他共有物如何分割？

　　正宏與信孚多年前共同投資一塊桃園縣青埔特區的A地約800坪，當時以各自名義登記應有部分各1/2，並未約定如何處分，也無不能分割的約定。後來信孚死亡，其應有部分由其妻小梅、子建國、建成繼承，3人並因協議而各取得該A地應有部分各1/6。最近因為政府大力推動桃園航空城計畫、A地又鄰近桃園高鐵站，投資利益驚人，然正宏卻想要養地，不想現在開發。雙方對於該筆土地的利用顯然存在重大歧見。有人建議小梅母子乾脆分割而各自利用、處分土地，請問如何分割呢？

▎呂律師這樣說

　　法律上的「共有」有兩種，一種為「分別共有」，另一種為「公同共有」。前者是數人按其應有部分（即俗稱持分）對一物共同享有所有權型態，如案例中正宏、小梅、建國、建成共有A地，應有部分各為1/2、1/6、1/6、1/6，即為分別共有；後者，是依一定原因成立公同關係的數人，基於公同關係，而共享一物之所有權的情形，例如，因合夥取得的財產，或繼承人因繼承遺產而在分割遺產前各繼承人對於遺產全部為公同共有，與分別共有不同，公同共有並無「應有部分」存在，若聲請不

動產謄本時，看不到應有部分幾分之幾的記載。

　　關於共有物分割的權利，除法令另有規定外，得隨時請求分割物，但因物之使用目的不能分割或契約定有不分割之期限者不在此限。案例中的A地並無因物之使用目的有不能分割的情形，且沒有不能分割的約定，所以小梅母子可以請求正宏分割共有物，若與正宏協議不成，小梅母子就可以正宏為被告向法院起訴請求分割共有物，起訴時，小梅要向法院主張分割的方式，例如在地籍圖上標示將A地分割具體的兩部分，並請求就其一部分讓小梅母子各保有1/3之分別共有關係，以便在分割後共同處分。

　　關於共有物的分割，法律規定法院可以下列方式分配：

　　一、以原物分配於各共有人，但各共有人均受原物之分配有困難者，得將原物分配於部分共有人，此時要以金錢補償未受分配之共有人。例如，某共有土地1,000坪，共有人有2人，應有部分各為1/2，則法院可以原物分配給2位共有人，此即為「以原物分配給各共有人」；但若某共有土地100坪，共有人有甲、乙、丙3人，甲、乙應有部分均各為49.5%，丙應有部分僅有1%，則丙按應有部分原物分配的話，只能分到1坪，該1坪很難開發利用，此即為「各共有人均受原物之分配有困難者」，此時法

院可以將原物分配各1/2給甲、乙而不分配給丙，但甲、乙要以金錢補償丙。

二、原物分配顯有困難時，得變賣共有物，以價金分配於各共有人；或以原物之一部分分配於共有人，他部分變賣，以價金分配於各共有人。例如，某房地因為繼承關係有共有人數十人，不僅各自應有部分很低，且對於共有物之將來利用處分也無共識，法院就可以選擇變賣共有物的方式分配。

分割共有物究竟以上述何種方法為之，法院有自由裁量的權利，不受共有人主張拘束，但無論如何，仍應斟酌當事人之聲明、共有物之性質、經濟效用以及全體共有人之利益公平決定之。

本案例小梅母子與正宏就A地的利用、處分無法達成共識，正宏也不同意分割，所以小梅母子可以向法院請求分割共有物，法律規定，縱使是原物分割也可以因為共有人之利益或其他必要情形，就共有物之一仍維持共有。因此，小梅母子可以請求分配A地1/2，並請求就該特定部分維持共有（即小梅母子各保持應有部分1/3）。

律師叮嚀：

一、法院在判決分割共有物時，有時會因為共有物的性質或共有人對共用物價值認知的差異甚遠，而選擇變賣的方式分配。此時，就可以透過市場競價的方式變賣，反而更有利於全體共有人，除買受人為共有人外，共有人有依相同條件優先承買的權利。所以，共有人若對共有物有特殊感情或較高的投資利益期待時，可以透過競價的方式買回共有物。

二、假設當初正宏與信孚取得A地時，雙方為取得長遠的投資利，曾單純約定10年內不得分割，則小梅在6年後訴請法院分割可以嗎？依法律規定，約定不分割的期限，不得逾5年；逾5年縮短為5年，但共有之不動產，其契約訂有管理之約定時，約定不分割之期限不得逾30年，逾30年者，縮短為30年。上述有關管理的約定，例如，對該約定A地30年不分割且在這期間內，將出租他人收益或由正宏承租作為工廠使用時，即不受5年的限制。

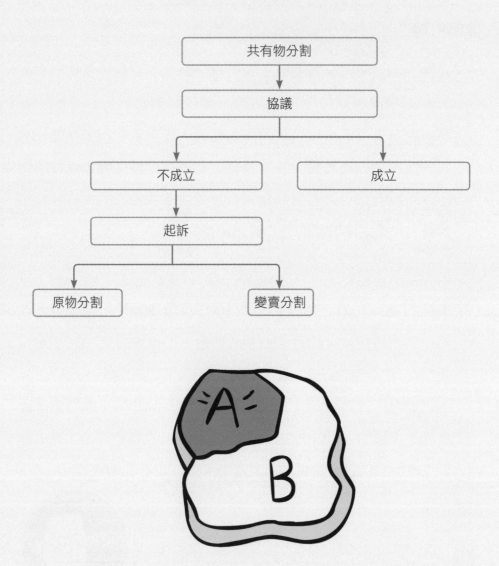

參考法條

民法第823條：「各共有人，除法令另有規定外，得隨時請求分割共有物。但因物之使用目的不能分割或契約訂有不分割之期限者，不在此限。前項約定不分割之期限，不得逾5年；逾5年者，縮短為5年。但共有之不動產，其契約訂有管理之約定時，約定不分割之期限，不得逾30年；逾30年者，縮短為30年。前項情形，如有重大事由，共有人仍得隨時請求分割。」

民法第824條：「共有物之分割，依共有人協議之方法行之。分割之方法不能協議決定，或於協議決定後因消滅時效完成經共有人拒絕履行者，法院得因任何共有人之請求，命為下列之分配：一、以原物分配於各共有人。但各共有人均受原物之分配顯有困難者，得將原物分配於部分共有人。二、原物分配顯有困難時，得變賣共有物，以價金分配於各共有人；或以原物之一部分分配於各共有人，他部分變賣，以價金分配於各共有人。以原物為分配時，如共有人中有未受分配，或不能按其應有部分受分配者，得以金錢補償之。以原物為分配時，因共有人之利益或其他必要情形，得就共有物之一部分仍維持共有。共有人相同之數不動產，除法令另有規定外，共有人得請求合併分割。共有人部分相同之相鄰數不動產，各該不動產均具應有部分之共有人，經各不動產應有部分過半數共有人之同意，得適用前項規定，請求合併分割。但法院認合併分割為不適當者，仍分別分割之。變賣共有物時，除買受人為共有人外，共有人有依相同條件優先承買之權，有2人以上願優先承買者，以抽籤定之。」

46 租賃房屋應注意事項

　　嘉文家住在高雄，最近考上公務員且分發到台北市政府服務，想要在服務機關的附近，找一間交通便利、環境優雅的套房承租居住，但嘉文從未與別人簽過租賃契約，請問嘉文在租屋時，有哪些需要注意的地方呢？

▍呂律師這樣說

　　雖然租屋不比買房，在時間和經濟上的負擔都比較少，但是運氣差選到壞住處或碰到惡房客，就像做惡夢一樣，想逃也逃不掉。不論是頭一次租屋的新手，還是擁有無數經驗的老手，要能夠住得安心，還是有許多的「眉眉角角」需要注意，畢竟，魔鬼可是藏在細節裡。筆者站在法律的立場，提醒大家下列應該注意的事項。

　　一、雖然租賃契約之成立，並不以訂立書面契約為必要，但為了避免日後爭執起見，最好還是簽訂租賃契約書，尤其是超過1年的房屋租賃契約若未以書面訂立者，會視為不定期租賃，出租人終止租賃契約要受到土地法100條的限制，而承租人也無法受到買賣不破租賃的保障（詳後）。

二、出租人若是所有權人，承租人要注意到出面訂約的人是否為所有權人本人，若非所有權人，應請求簽約人出示所有權人的委託書或授權書，才能避免事後所有權人主張並未出租房屋；若出租人非所有權人，則承租人應請求出租人出示原租賃契約書，以確認出租人是否有轉租的權利，若無權時，所有權人可以終止租賃契約，承租人就沒有辦法向所有權人主張有承租的權利，換言之，會被所有權人趕走！

三、出租人於租賃物交付後，承租人佔有中，縱將其所有權讓與第三人，其租賃契約，對於受讓人仍繼續存在，這是所謂「買賣不破租賃」原則，用以保護承租人，以免因為出租人所有權變動而導致承租人沒有辦法繼續租用。但是，租賃期限超過5年而未公證時或者未定期限的租賃契約都不適用，所以若有考量到「買賣不破租賃原則」，超過5年的租賃契約要去公證、不要訂定未定期限的租賃契約。

四、有關租賃物的修繕，原則上由出租人負擔，但法律規定，也可以由租賃雙方特約排除而由承租人負擔，所以嘉文在簽約時要特別注意，出租人有沒有特約排除其修繕義務；另外，如果嘉文覺得承租的房屋較大，將來有再轉租的可能性時，應該看看契約條文中有無反對的約定，如果出租人反對而嘉文仍轉租時，出租人就可以終止租賃契約。

五、目前市面上套房的租賃，出租人通常會提供基本的生活設備。例如，電冰箱、冷氣、電視機、床組、洗衣機、瓦斯爐等等，契約若有載明時，出租人通常也會要求返還，所以嘉文在交屋時必須要一一驗收，最好也要求出租人有修繕的義務。

六、房屋租約要載明支付租金的方式，例如，是否為每月支付？每月的幾月支付？支付的金額多少？用匯款還是現金交付？承租人要注意，民法規定，房屋租金遲繳總額已達2個月的租時，出租人可以終止契約。此外，一般而言，出租人還會要求承租人交付押租金，一般而言，押租金為2個月的租金總額，若有超過，土地法規定超過的部分可以抵繳房租。

律師叮嚀：

一、站在出租人的立場，租房子最怕時間到承租人不搬，此時，若強行進入，縱使租約已屆至，還是有可能觸犯侵入住宅罪，所以不建議用這種方式處理，但是打官司又曠日費時，該怎麼辦呢？出租人於訂立約定有期間的租賃契約時，要求承租人偕同

至法院辦理公證，並在辦理公證時載明承租人於到期後不肯交還房屋應逕受強制執行者，便可直接以公證書為執行名義向法院執行處聲請強制執行，就不用再打官司了。此外，在公證時，也可以就承租人未依約交付租金、違約金，或出租人未依約返還擔保金時，約定逕受強制執行的條款。另外也可以要求承租人提供連帶保證人，增加承擔人履行租賃契約的擔保。

二、出租人交屋時，承租人應先檢查各項設備，如水龍頭開關、電燈、馬桶、窗戶等，如果出租人有提供其他家電的，也要一併檢查，如有故障，應請出租人盡速維修。

三、租賃契約訂有期限者，除法律或契約另有訂定外，原則上不得終止契約，所以雙方若為保持彈性起見，可以在租賃契約中約定，任一方得在一定期間（例如2個月）以前通知他方終止契約。

租屋的小叮嚀：

1. 訂立書面契約為宜。

2. 最好跟所有權人訂立租約。

3. 約明租金的支付方式。

4. 押租金最多不能超過2個月。

5. 租賃物修繕約定由出租人為之。

6. 檢查並詳載附帶提供的家具家電。

參考法條

民法第422條：「不動產之租賃契約，其期限逾1年者，應以字據訂立之，未以字據訂立者，視為不定期限之租賃。」

民法第423條：「出租人應以合於所約定使用收益之租賃物，交付承租人，並應於租賃關係存續中，保持其合於約定使用、收益之狀態。」

民法第425條：「出租人於租賃物交付後，承租人占有中，縱將其所有權讓與第三人，其租賃契約，對於受讓人仍繼續存在。前項規定，於未經公證之不動產租賃契約，其期限逾5年或未定期限者，不適用之。」

民法第439條：「承租人應依約定日期，支付租金；無約定者，依習慣；無約定亦無習慣者，應於租賃期滿時支付之。如租金分期支付者，於每期屆滿時支付之。如租賃物之收益有季節者，於收益季節終了時支付之。」

民法第443條：「承租人非經出租人承諾，不得將租賃物轉租於他人。但租賃物為房屋者，除有反對之約定外，承租人得將其一部分轉租於他人。承租人違反前項規定，將租賃物轉租於他人者，出租人得終止契約。」

土地法第99條：「前條擔保之金額，不得超過2個月房屋租金之總額。已交付之擔保金，超過前項限度者，承租人得以超過之部分抵付房租。」

看到警察大人好緊張？！
十、有關刑事程序的生活法律問題

47 到警察局以犯罪嫌疑人身分應訊時，
應該注意什麼事情？

48 自訴與告訴、告發、反訴有何不同？

49 發生車禍撞死人有可能緩起訴嗎？
與緩刑又有何不同？

50 什麼是認罪協商制度？

47 到警察局以犯罪嫌疑人身分應訊時，應該注意什麼事情？

　　學銘與正聲分別為台北市松山區白馬大樓管理委員會的財務委員與主任委員，上個月管理委員會開會時，學銘因質疑正聲有收取廠商回扣，正聲盛怒之餘便罵學銘「王八蛋」並毆打學銘成傷，事後學銘即向派出所提出公然侮辱與故意傷害之刑事告訴，台北市警察局松山分局便發出通知書，請正聲於特定時間到警察局應訊，請問正聲應訊時，應該注意什麼事項以保障自身權益？

▌呂律師這樣說

　　警訊筆錄大多會成為論斷有無犯罪嫌疑之重要證據，所以站在被告或犯罪嫌疑人的立場，在進行訊問時，必須了解在法律上有何保障權益的規定，尤其是公務員應該履行什麼義務，以保障合法的權益，以下即就進行訊問程序時被告或犯罪嫌疑人應有的權利與注意事項說明如下：

一、應確認訊問通知書之真實性：

　　現在詐騙集團很多，有許多不肖分子利用訊問通知書詐財騙色，所以若對所收到之通知書有疑問，以本案例而論，正聲可以打電話到台北市警察局松山分局確認之。

二、訊問者法定的應告知事項：

刑事訴訟法規定，訊問被告或犯罪嫌疑人時應先告知下列事項：

（一）犯罪嫌疑及所犯所有罪名，罪名經告知後，認為應變更者，應再告知。所以正聲有權向警察詢問所犯罪名。

（二）得保持緘默，無須違背自己之意思而為陳述。正聲可以隨時行使緘默權，可以就全部或一部分的詢問為之，法院不可以因為正聲行使緘默權而推論犯罪或為不利之判斷。

（三）得選任辯護人，如為低收入戶、中低收入戶、原住民或其他依法令得請求法律扶助者，得請求之。在律師未到場前，應停止訊問。

（四）得請求調查有利之證據。正聲可以要求警察蒐集管理委員會開會時的錄音或錄影資料，或者請求通知或傳喚證人為其作證。

三、訊問時應全程錄音：

刑事訴訟法規定，訊問被告應全程連續錄音，必要時應全程連續錄影，筆錄內所載之被告陳述，與錄音或錄影之內容不符者，不符的部份，原則上不得作為證據。正聲除了可以提出上述錄音、錄影要求外，應注意在確定錄音或錄影開始後，再回答問題。此外，錄音錄影若已開

始，則縱使尚未製作筆錄時的陳述也有可能作為對其不利之證據。

四、夜間訊問之禁止：

原則上，警察不得於夜間訊問，除非經受詢問人明示同意、於夜間經拘提或逮捕到場而查驗其人有無錯誤、經檢察官或法官許可、有急迫情形等。

五、訊問方法的規定：

（一）訊問被告應出於懇切之態度，不得用強暴、脅迫、利用、詐欺、疲勞訊問或其他不正之方法。有違反者，受詢問人可以提出異議、行使緘默權表示抗議、或請求休息。

（二）訊問被告應與以辯明犯罪嫌疑之機會，被訊問人也可以主動要求。如有辯明，應命就其始末連續陳述；其陳述有利之事實者，應命其指出證明的方法。

（三）被告有數人時，應分別訊問，未經訊問者不得在場，且除顯無必要外，被告可以請求對質。

律師叮嚀：

一、對於警察所提示的文件不要輕易簽名。若是警訊筆錄，應確認內容與陳述有無不符或漏載之處；若是搜索扣押筆錄，也應仔細確認內容與事實是否相符，尤其是扣押筆錄內若有不屬於犯罪嫌疑人之犯罪所用之物，更應力爭加以排除，例如兇器、毒品包裝袋、電子秤等。如有不實之處，應要求更正後再行簽名。

二、法律雖然有規定，警方因調查犯罪情形及蒐集證據之必要，對於經拘提或逮捕到案之嫌疑人，得違反其自由意願，採取其指紋、掌紋、腳印，予以照相、測量身高或類似之行為；有相當理由認為採取毛髮、唾液、尿液、聲調或吐氣得作為犯罪之證據時，也得採取；另對於性犯罪或重大犯罪，警方也可以強制犯罪嫌疑人接受去氧核醣核酸（即DNA）的採樣，如唾液、血液、毛髮。除此之外，並無強制，例如犯罪嫌疑人可以拒絕對身體侵入性的檢查、採樣，或者也可以拒絕測謊。

訊問被告應先告知之事項

犯罪嫌疑及所犯所有罪名

得保持緘默，無須違背自己之意思而為陳述

得選任辯護人

得請求調查有利之證據

參考法條

刑事訴訟法第95條：「訊問被告應先告知下列事項：一、犯罪嫌疑及所犯所有罪名。罪名經告知後，認為應變更者，應再告知。二、得保持緘默，無須違背自己之意思而為陳述。三、得選任辯護人。如為低收入戶、中低收入戶、原住民或其他依法令得請求法律扶助者，得請求之。四、得請求調查有利之證據。無辯護人之被告表示已選任辯護人時，應即停止訊問。但被告同意續行訊問者，不在此限。」

刑事訴訟法第96條：「訊問被告，應與以辯明犯罪嫌疑之機會；如有辯明，應命就其始末連續陳述；其陳述有利之事實者，應命其指出證明之方法。」

刑事訴訟法第97條：「被告有數人時，應分別訊問之；其未經訊問者，不得在場。但因發見真實之必要，得命其對質。被告亦得請求對質。對於被告之請求對質，除顯無必要者外，不得拒絕。」

刑事訴訟法第98條：「訊問被告應出以懇切之態度，不得用強暴、脅迫、利誘、詐欺、疲勞訊問或其他不正之方法。」

刑事訴訟法第100條之1：「訊問被告，應全程連續錄音；必要時，並應全程連續錄影。但有急迫情況且經記明筆錄者，不在此限。筆錄內所載之被告陳述與錄音或錄影之內容不符者，除有前項但書情形外，其不符之部分，不得作為證據。第1項錄音、錄影資料之保管方法，分別由司法院、行政院定之。」

刑事訴訟法第100條之3：「司法警察官或司法警察詢問犯罪嫌疑人，不得於夜間行之。但有左列情形之一者，不在此限：一、經受詢問人明示同意者。二、於夜間經拘提或逮捕到場而查驗其人有無錯誤者。三、經檢察官或法官許可者。四、有急迫之情形者。犯罪嫌疑人請求立即詢問者，應即時為之。稱夜間者，為日出前，日沒後。」

48 自訴與告訴、告發、反訴有何不同？

　　啟銘是西門町萬國幫地堂堂主，前幾天晚上在KTV喝酒時，與萬華廟口幫的阿祥發生口角，雙方約前天晚上在龍山寺前廣場談判。不料，一見面雙方便大打出手，啟銘背上挨了一刀，但阿祥被啟銘一刀捅死，阿祥的鄰居小錢路過時，剛好看到啟明殺害阿祥的情形，嗣後啟銘以大明持刀砍傷其背部為由向法院提起自訴，小錢則就啟銘殺害阿祥之事向警察提出告發。但大明於案發當天出國，根本不在現場，對於啟銘的自訴，在同一程序提起反訴啟銘誣告。請問，什麼是自訴、告發、反訴、告訴？

┃ 呂律師這樣說

　　犯罪行為發生之後，為了讓司法機關知道或追訴犯罪，因為通知的人、時間、程序等不同，有上述自訴、告發、反訴、告訴等法律名詞，各個的法律效果也不太一樣，一般民眾大概也莫宰羊，以下就以上述的案例為大家分析。

　　所謂告訴，是指犯罪被害人或其他有告訴權之人，向司法機關申告犯罪事實並請求追訴之意思表示，所以警察在接受報案時，對於告訴人，除了詢問犯罪事實外，通常還會加問「是否對○○○提起刑事告

訴」，缺了這一句，就不是告訴而僅為備案而已，所謂「其他有告訴權之人」，例如被害人之法定代理人或配偶也有獨立的告訴權，檢察官或警察將因合法告訴而開始偵查。本案例中，啟銘、阿祥的法定代理人或配偶、大明都是告訴權人。

所謂告發，是指犯罪被害人或其他有告訴權以外之第三人，知有犯罪嫌疑者，向司法機關舉發犯罪而促使其發動偵查。本案例中的小錢只是路過的第三人，並非被害人，所以是告發人，因為不是告訴人，所以縱使將來就阿祥被殺的部分，檢察官為不起訴處分，小錢依法並無聲請再議聲明不服的權利。

所謂自訴，是指犯罪的被害人（但被害人無行為能力或限制行為能力或死亡者，得由其法定代理人、直系血親或配偶為之），直接向法院起訴請求確認國家對於被告刑罰權存在與否與其範圍之行為，與「公訴」不同，自訴無需經過檢察官的偵查程序而直接由法院審理，但為避免濫訴，所以要求需委任律師提起，因為啟銘背上挨一刀所以是被害人，可以提起自訴直接請求法院審判；又提起自訴之被害人犯罪，與自訴事實直接相關，而被告為被害人時，被告得於第一審辯論終結前提起反訴，以本案例而論，大明是自訴的被告，但大明認為啟

銘確為誣告，大明是啟銘提起自訴的被害人，所以可以依法提出反訴啟銘誣告，反訴原則上與自訴同時進行、判決。

律師叮嚀：

一、犯罪之被害人可以選擇向司法機關提出告訴，也可以提起自訴，但提起自訴時有一些限制，例如，對於直系尊親屬或配偶，不得提起自訴；告訴乃論之罪，已不得告訴者，不得再行自訴，如已超過6個月的告訴期間或撤回告訴；同一案件經檢察官開始偵查時，不得再提起自訴，但告訴乃論之罪，經犯罪之直接被害人提起自訴者不在此限，本案例中，啟銘所提出告訴的過失傷害罪是告訴乃論之罪，若啟銘提起告訴，經檢察官偵查後，啟銘可以另外向法院提起自訴，此時檢察官應即停止偵查，將案件移送法院。

二、犯罪之被害人如何考量提起告訴或直接向法院提起自訴呢？提起告訴必須經過警察、檢察官的偵查程序，檢察官認為有犯罪嫌疑時才會向法院起訴，若犯罪之被害人認為證據非常明確，不需要再經過偵查程序，為了減省訴訟時間，可以直接向法院提起自訴；另外，有時，被害人先提出告訴後，主觀上認

為檢察官有辦案不力或偵查方向對其不利時，也會考慮直接向法院提起自訴。

GO!

自訴與告訴的區別

項目	自訴	告訴
受理機關	法院	警察局、檢察署
提出方式	應委任律師向管轄法院提出自訴狀	1.到警局作筆錄，表示有告訴之意 2.向檢察官或司法警察官提出告訴狀
偵查程序	不用經過偵查程序	要經過偵查程序
被害人角色	自訴人與被告為當事人	偵查中告訴人與被告為當事人；法院審理時，告訴人不是當事人。

參考法條

刑事訴訟法第319條：「犯罪之被害人得提起自訴。但無行為能力或限制行為能力或死亡者，得由其法定代理人、直系血親或配偶為之。前項自訴之提起，應委任律師行之。犯罪事實之一部提起自訴者，他部雖不得自訴亦以得提起自訴論。但不得提起自訴部分係較重之罪，或其第一審屬於高等法院管轄，或第321條之情形者，不在此限。」

刑事訴訟法第321條：「對於直系尊親屬或配偶，不得提起自訴。」

刑事訴訟法第322條：「告訴或請求乃論之罪，已不得為告訴或請求者，不得再行自訴。」

刑事訴訟法第323條：「同一案件經檢察官依第228條規定開始偵查者，不得再行自訴。但告訴乃論之罪，經犯罪之直接被害人提起自訴者，不在此限。於開始偵查後，檢察官知有自訴在先或前項但書之情形者，應即停止偵查，將案件移送法院。但遇有急迫情形，檢察官仍應為必要之處分。

49 發生車禍撞死人有可能緩起訴嗎？與緩刑又有何不同？

　　曉彤年紀輕輕、事業有成，是典型的女強人。曉彤日前在其男友大豐的手機上發現有曖昧的簡訊，經詢問後，大豐坦承因曉彤工作太忙無法陪伴而與美倫交往。曉彤知悉後痛不欲生，自大豐住處離開後，一路痛哭飆車回家，當晚雷雨交加視線不良，曉彤在傷心恍神之際，不小心撞到在路邊行走的婆婆，當即停車處理並馬上開車將婆婆送到醫院，但婆婆卻仍因傷勢過重而死亡。事後曉彤隨即與婆婆家人達成和解賠償500萬元，並協助婆婆所有後事的處理，警察局隨後便以曉彤涉嫌過失致死罪移送檢察署，請問曉彤可否請求檢察官為緩起訴處分？緩起訴與緩刑又有什麼不同？

▍呂律師這樣說

　　所謂緩起訴是檢察官在偵查期間所為的一種附條件不起訴處分，它的適用必須符合下列要件：

　　一、案件的限制。並非所有的刑事案件檢察官都可以為不起訴處分，必須是被告觸犯死刑、無期徒刑或最輕本刑3年以上有期徒刑以外之罪，實務上常見的竊盜、詐欺、侵占及背信等犯罪均在適用的範圍之內。

二、裁量的標準。必須是檢察官參酌刑法第57條所列事項及公共利益之維護，認為以緩起訴為適當者，才可以為緩起訴處分。上述57條包括犯罪之動機目的與手段、犯罪所生之危險或損害、犯罪後之態度等等（參後附法條）；此外檢察官必須考量緩起訴會不會造成犯罪預防、社會正義觀感的負面影響。

曉彤情傷之後又駕車肇事，真是屋漏偏逢連夜雨、禍不單行。但是曉彤在事發之後並不慌張也不逃避，勇敢面對車禍事故，不僅馬上送婆婆到醫院，且積極協助家屬處理喪事，也提出相當賠償金額取得家屬的諒解而達成和解，令人感動。但過失致死罪是公訴罪，警察局知悉之後仍應將案件移送檢察官處理。

曉彤所犯過失致死罪，法定刑是「5年以下有期徒刑、拘役或50萬元以下罰金」，顯然是可以適用緩起訴的刑事案件，曉彤犯後態度良好且與婆婆家屬達成和解且取得諒解，個別的交通事件亦與公共利益沒有關聯，所以檢察官很有可能依法為緩起訴處分。

檢察官為緩起訴處分同時得併1年以上3年以下之緩起訴期間，並得命被告於一定期間內遵守或履行相當事項，例如向被害人道歉、立悔過書、向被害人支付相當數額之財產或非財產上之損害賠償等（參後附法

條）。被告若在緩起訴期間內有違背上述遵守或履行事項時，檢察官可以撤銷緩起訴處分，此外，在緩起訴期間若故意犯法定刑為有期徒刑以上刑之罪經檢察官提起公訴，例如在緩刑期間內毆打別人成傷時；或者於緩起訴之前，曾故意犯他罪而在緩刑期間內受有期徒刑以上刑之宣告者，例如在緩刑前毆打他人而在緩刑期間內受3個月有期徒刑之宣告時，都會被檢察官撤銷緩起訴處分，並就原犯罪繼續偵查或起訴，反之緩起訴期間屆滿未經檢察官撤銷者，以後就不得對同一案件再行起訴。

緩起訴與緩刑有什麼不同呢？（一）緩起訴是由檢察官為之；緩刑則是由法官宣告。（二）緩起訴是起訴前之處分；緩刑是起訴後之裁判。（三）起訴確定後不得再起訴；緩刑確定則為有罪判決處刑宣告失其效力。

律師叮嚀：

一、緩起訴處分雖可由檢察官依職權斟酌是否為之，但是，若初步判斷認為有緩起訴的機會，應該主動向檢察官聲請並說明符合要件的理由，否則檢察官不見得會主動審酌。

二、若受有緩起訴處分，將來能否取得良民證呢？

　　所謂良民證就是無刑事案件紀錄證明，依據警察刑事紀錄證明核發條例第6條的規定，受緩刑之宣告未經撤銷者，毋庸紀錄刑事案件紀錄，舉重以明輕，緩起訴處分未經撤銷者，也可以取得良民證。

緩起訴	緩刑
檢察官	法官
起訴前之處分	起訴後之裁判
確定後不得再起訴	確定則為有罪判決處刑宣告失其效力

參考法條

刑事訴訟法第253-1條：「被告所犯為死刑、無期徒刑或最輕本刑3年以上有期徒刑以外之罪，檢察官參酌刑法第57條所列事項及公共利益之維護，認以緩起訴為適當者，得定1年以上3年以下之緩起訴期間為緩起訴處分，其期間自緩起訴處分確定之日起算。追訴權之時效，於緩起訴之期間內，停止進行。刑法第83條第3項之規定，於前項之停止原因，不適用之。第323條第1項但書之規定，於緩起訴期間，不適用之。」

刑事訴訟法第253-2條：「檢察官為緩起訴處分者，得命被告於一定期間內遵守或履行下列各款事項：一、向被害人道歉。二、立悔過書。三、向被害人支付相當數額之財產或非財產上之損害賠償。四、向公庫支付一定金額，並得由該管檢察署依規定提撥一定比率補助相關公益團體或地方自治團體。五、向該管檢察署指定之政府機關、政府機構、行政法人、社區或其他符合公益目的之機構或團體提供40小時以上240小時以下之義務勞務。六、完成戒癮治療、精神治療、心理輔導或其他適當之處遇措施。七、保護被害人安全之必要命令。八、預防再犯所為之必要命令。檢察官命被告遵守或履行前項第3款至第6款之事項，應得被告之同意；第3款、第4款並得為民事強制執行名義。第1項情形，應附記於緩起訴處分書內。第1項之期間，不得逾緩起訴期間。第4項第4款提撥比率、收支運用及監督管理辦法，由行政院會同司法院另定之。」

刑事訴訟法第253-3條：「被告於緩起訴期間內，有左列情形之一者，檢察官得依職權或依告訴人之聲請撤銷原處分，繼續偵查或起訴：一、於期間內故意更犯有期徒刑以上刑之罪，經檢察官提起公訴者。二、緩起訴前，因故意犯他罪，而在緩起訴期間內受有期徒刑以上刑之宣告者。三、違背第253條之2第1項各款之應遵守或履行事項者。檢察官撤銷緩起訴之處分時，被告已履行之部分，不得請求返還或賠償。」

刑事訴訟法第260條：「不起訴處分已確定或緩起訴處分期滿未經撤銷者，非有左列情形之一，不得對於同一案件再行起訴：一、發現新事實或新證據者。二、有第420條第1項第1款、第2款、第4款或第5款所定得為再審原因之情形者。」

刑法第57條：「科刑時應以行為人之責任為基礎，並審酌一切情狀，尤應注意下列事項，為科刑輕重之標準：一、犯罪之動機、目的。二、犯罪時所受之刺激。三、犯罪之手段。四、犯罪行為人之生活狀況。五、犯罪行為人之品行。六、犯罪行為人之智識程度。七、犯罪行為人與被害人之關係。八、犯罪行為人違反義務之程度。九、犯罪所生之危險或損害。十、犯罪後之態度。」

刑法第276條：「因過失致人於死者，處5年以下有期徒刑、拘役或50萬元以下罰金。」

警察刑事紀錄證明核發條例第6條：「警察刑事紀錄證明應以書面為之；明確記載有無刑事案件紀錄。但下列各款刑事案件紀錄，不予記載：一、合於少年事件處理法第83條之1第1項規定者。二、受緩刑之宣告，未經撤銷者。三、受拘役、罰金之宣告者。四、受免刑之判決者。五、經免除其刑之執行者。、法律已廢除其刑罰者。七、經易科罰金或依刑法第41條第2項之規定易服社會勞動執行完畢，5年內未再受有期徒刑以上刑之宣告者。」

50 什麼是認罪協商制度？

　　老張在電腦公司擔任業務的工作，除了招攬業務之外，還負責收取客戶應支付的款項。最近，公司發現貨款短缺，經過調查之後，發現老張並未將款項繳回而私自花用，便向檢察署提出刑事告訴。偵查中，老張主張收取現金貨款後就交付會計小王，因與小王是多年熟識的同事，所以交給小王時並未索取收據或憑證，但檢察官並不採信而將他提起公訴。老張聽說刑事訴訟法有所謂認罪協商制度，所以雖自認無罪，但經律師就相關卷證評估後，認為其得無罪判決的機會不高，且訴訟程序曠日廢時，幾經思量後，考慮進行認罪協商程序。但什麼是認罪協商程序呢？又應該如何進行？

▌呂律師這樣說

　　認罪協商制度源自美國，一般而言，指檢察官與被告、辯護人在法院判決前就被告所涉案件進行之協商，在此協商中，被告希望以其有罪答辯取得檢察官對於判決較輕刑罰之建議或其他可能之讓步，該制度已為我國刑法訴訟法所採納。

　　按照刑事訴訟法的規定，並不是所有正在進行中的刑事訴訟案件都有

其運用，就時間的要件來看，必須是經檢察官提起公訴或聲請簡易判決處刑後，於第一審言詞辯論終結前或簡易判決處刑前，始可進行，若案件仍在偵查階段，或已在第二、三審的案件則不適用，老張的案件既才經提起公訴而繫屬於第一審法院，所以時間上是沒有問題的！

再來，也不是任何性質的刑事案件都可以跟檢察官協商，若所犯為死刑，無期徒刑，最輕本刑3年以上有期徒刑之罪或高等法院管轄第一審案件（如內亂罪、外患罪等），就無法進行協商，老張涉嫌業務侵佔罪，法定刑為6個月以上5年以下有期徒刑，因此，屬於得協商的刑事案件。

怎麼進行呢？可以由檢察官徵詢被害人意見後，依職權進行或由被告、或其代理人、辯護人請求，經法院同意，就下列事項於審判外進行協商，協商期間不得逾30日，經檢察官與被告合意且被告認罪者，由檢察官聲請法院改依協商程序而為判決：

一、被告願受刑之範圍或願意接受緩刑之宣告。

二、被告向被害人道歉。

三、被告支付相當數額之賠償金。

四、被告向公庫支付一定金額。

　　法院接受檢察官聲請後，應於10日內，訊問被告並告以所認罪名、法定刑及所喪失的權利（如依通常程序公開審判的權利、與證人對質詰問的權利、保持緘默的權利等等）。若就在此時，老張發現有對其極其有利的證據出現，非常有把握能獲得無罪判決，則可在法院告知程序終結前，以言詞或書狀撤銷協商之合意，要求法院回復原本應進行的程序！若無上述情形法院經過告知程序確認當事人合意後，原則上即應不經言詞辯論，在當事人合意的範圍內為判決，法院為協商判決所科之刑，以宣告緩刑、2年以下有期徒刑、拘役或罰金為限。

　　老張若進行協商程序，與檢察官達成有期徒刑7個月至1年、緩刑3年至5年、願賠償所任職公司10萬元的合意，並由檢察官提出聲請時，法院若認為符合協商判決的要件時，就可以在協商合意範圍內為判決。

律師叮嚀：

一、實務上，會進入認罪協商的案件，通常是勝負難卜的案件或案件繁雜的居多，若明顯有無罪、有罪的可能，當事人的任一方，恐怕都不太願意協商。以被告而論，若案件複雜、沒有勝訴的把握，考慮到可能會有多年的爭訟且結果又不如意時，與其堅持訴訟，還不如在可以接受的範圍內承認犯罪而開啟新的人生。不過，被告要注意，法院為協商判決後，除非有特別的情形，例如被告協商的意思非出於自由意志者，否則，被告就不得再上訴。

二、法院依協商範圍內為判決，若於判決內宣示被告應支付被害人相當數額賠償金或被告應向公庫支付一定金額時，被告若不履行時，被害人等可以上述判決為執行名義直接向法院聲請對被告的財產強制執行而不需要進行訴訟。

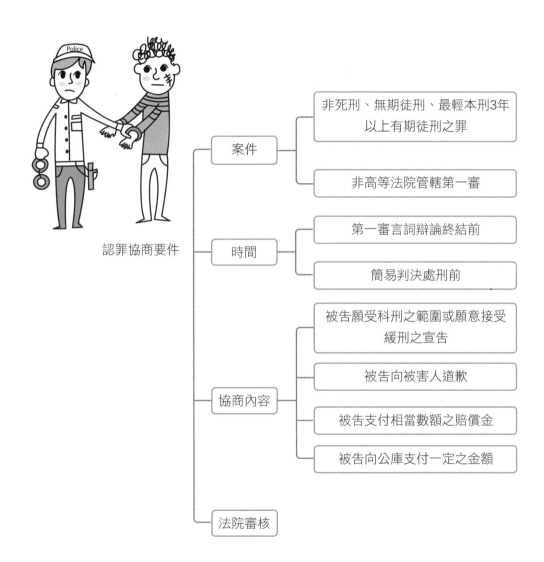

認罪協商要件

- 案件
  - 非死刑、無期徒刑、最輕本刑3年以上有期徒刑之罪
  - 非高等法院管轄第一審
- 時間
  - 第一審言詞辯論終結前
  - 簡易判決處刑前
- 協商內容
  - 被告願受科刑之範圍或願意接受緩刑之宣告
  - 被告向被害人道歉
  - 被告支付相當數額之賠償金
  - 被告向公庫支付一定之金額
- 法院審核

參考法條

刑事訴訟法第455條之2：「除所犯為死刑、無期徒刑、最輕本刑3年以上有期徒刑之罪或高等法院管轄第一審案件者外，案件經檢察官提起公訴或聲請簡易判決處刑，於第一審言詞辯論終結前或簡易判決處刑前，檢察官得於徵詢被害人之意見後，逕行或依被告或其代理人、辯護人之請求，經法院同意，就下列事項於審判外進行協商，經當事人雙方合意且被告認罪者，由檢察官聲請法院改依協商程序而為判決：一、被告願受科刑及沒收之範圍或願意接受緩刑之宣告。二、被告向被害人道歉。三、被告支付相當數額之賠償金。四、被告向公庫支付一定金額，並得由該管檢察署依規定提撥一定比率補助相關公益團體或地方自治團體。檢察官就前項第2款、第3款事項與被告協商，應得被害人之同意。第1項之協商期間不得逾30日。第1項第4款提撥比率、收支運用及監督管理辦法，由行政院會同司法院另定之。」

刑事訴訟法第455條之3：「法院應於接受前條之聲請後10日內，訊問被告並告以所認罪名、法定刑及所喪失之權利。被告得於前項程序終結前，隨時撤銷協商之合意。被告違反與檢察官協議之內容時，檢察官亦得於前項程序終結前，撤回協商程序之聲請。」

刑事訴訟法第455條之4：「有下列情形之一者，法院不得為協商判決：一、有前條第2項之撤銷合意或撤回協商聲請者。二、被告協商之意思非出於自由意志者。三、協商之合意顯有不當或顯失公平者。四、被告所犯之罪非第455條之2第1項所定得以聲請協商判決者。五、法院認定之事實顯與協商合意之事實不符者。六、被告有其他較重之裁判上一罪之犯罪事實者。七、法院認應諭知免刑或免訴、不受理者。除有前項所定情形之一者外，法院應不經言詞辯論，於協商合意範圍內為判決。法院為協商判決所科之刑，以宣告緩刑、2年以下有期徒刑、拘役或罰金為限。當事人如有第455條之2第1項第2款至第4款之合意，法院應記載於筆錄或判決書內。法院依協商範圍為判決時，第455條之2第1項第3款、第4款並得為民事強制執行名義。」

刑事訴訟法第455條之10：「依本編所為之科刑判決，不得上訴。但有第455條之4第1項第1款、第2款、第4款、第6款、第7款所定情形之一，或協商判決違反同條第2項之規定者，不在此限。對於前項但書之上訴，第二審法院之調查以上訴理由所指摘之事項為限。第二審法院認為上訴有理由者，應將原審判決撤銷，將案件發回第一審法院依判決前之程序更為審判。」

國家圖書館出版品預行編目資料

王牌律師說故事，你一定要知道的50個
生活法律問題 3版 / 呂錦峯著
-- 修訂二版 -- 臺北市：瑞蘭國際, 2021.11
320面；17 × 23公分 --（FUN生活系列；09）
ISBN：978-986-5560-46-1（平裝）
1.中華民國法律

582.18   110018386

FUN生活系列09

王牌律師說故事，你一定要知道的50個生活法律問題 3版

作者｜呂錦峯
責任編輯｜潘治婷、王愿琦
校對｜呂錦峯、魏均穎、潘治婷、王愿琦

封面設計｜陳如琪
版型設計｜余佳憓
內文排版｜徐雁珊、陳如琪
美術插畫｜614

瑞蘭國際出版

董事長｜張暖彗・社長兼總編輯｜王愿琦
編輯部
副總編輯｜葉仲芸・副主編｜潘治婷・副主編｜鄧元婷
設計部主任｜陳如琪
業務部
副理｜楊米琪・組長｜林湲洵・組長｜張毓庭

出版社｜瑞蘭國際有限公司・地址｜台北市大安區安和路一段104號7樓之一
電話｜(02)2700-4625・傳真｜(02)2700-4622・訂購專線｜(02)2700-4625
劃撥帳號｜19914152 瑞蘭國際有限公司
瑞蘭國際網路書城｜www.genki-japan.com.tw

法律顧問｜海灣國際法律事務所　呂錦峯律師

總經銷｜聯合發行股份有限公司・電話｜(02)2917-8022、2917-8042
傳真｜(02)2915-6275、2915-7212・印刷｜科億印刷股份有限公司
出版日期｜2021年11月初版1刷・定價｜380元・ISBN｜978-986-5560-46-1

瑞蘭國際